あかるい中国語

—美桜の北京留学—

上野 恵司
魯 暁琨

郁 文 堂

この教科書の音声は，下記の郁文堂のホームページよりダウンロードすることができます。
https://www.ikubundo.com/related/68

♪02 本文中のこのマークは音声収録箇所を示しています。
数字は頭出しの番号です。

はじめに

このテキストは先に私たちが編んだ『楽しい中国語―朋子の北京留学』を大幅に改訂したものです。

改訂にあたっては，「初めて中国語を学ぶ人に，入門段階での学習事項を体系的に，むだなく習得してもらうことを目指す」という旧版の狙いを堅持しながら，発音編，場（本文）の設定，文法説明と例文，練習問題，会話練習（話してみよう）にいたるまで，すべてを全面的に見直し，より効率的に教授し，より効果的に学べるように工夫を施しました。

［発音］は短期間に体系的に習得できるよう簡潔に記述されていますが，教室での練習に十分な時間を避けない場合は，付属のダウンロード式の音声を利用して自習されることをお勧めします。

［本文］は場を北京に設定し，平易な会話文によって留学生の日常が描かれています。ここでは，日本語訳が学習者の大きな負担にならないように，簡単に場面の説明をするとともに，すべての新出語句の意味が掲げられています。

［文法要点＆例文］欄では本文中の新出文法事項を，例文を中心に取り上げています。解説的な記述をなるべく控えたのは，教授者の裁量と学習者の自発的学習の余地を残しておきたかったからです。

［練習］はその課で学んだ内容の確認を主眼としており，語句の言い換え，語順の並べ替え，文の完成，日文中訳などが中心になります。

［話してみよう］は平易な会話にチャレンジしてみることによって，外国語を学ぶ楽しみを実感していただくことを目的として設けたものです。

なお今回，新しい試みとして各課の最後に「中国のことばと文化」を設けました。外国語を単に言葉として学んだのではすぐ飽きてしまい，なかなか身に付きませんが，外国語の内部に，また周辺にあるものを同時に知れば，学ぶ意欲と興味が倍増するとの著者両名の考えによるものです。

今般の改訂の機会に書名を『あかるい中国語』に改めるとともに，留学生の朋子さんの名前も今風に美桜（みお，Měiyīng）さんに改めました。朋子さん同様に学習の友として仲良く付き合っていただければ幸いです。

2021 年 11 月

著　者

目　次

発　　音

♪ 02 1 音のなりたち

ā　　á　　ǎ　　à

mā　　má　　mǎ　　mà

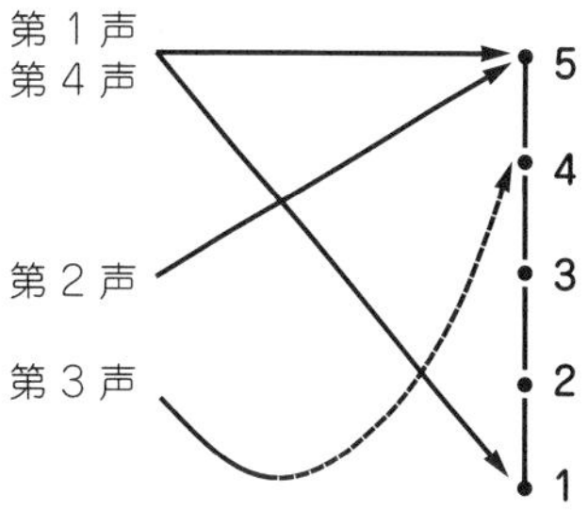

第１声：高く平らに。
第２声：一気に上げる。
第３声：低く抑えてから上げる。
第４声：一気に下げる。

▶ 第３声は後に第３声以外の音節が続く場合は，図の点線部分は発音されない。⇒ 8 ①. 第３声の変化。

わたしたちが学ぶ普通語(プートンホア)と称される中国の共通語には 21 の子音と６つの基本的な母音があり，これらが互いに組み合わさって 400 余りの音節を成している。

さらに，それぞれの音節には声調と呼ばれる高低や上げ下げの調子(アクセント)があり，それによって意味を区別している。共通語には４つの声調があり，これを四声と称している。

発音練習

1. 発音してみよう。

① ā　á　ǎ　à　　② á　ā　à　á　　③ ā　à　ǎ　á
④ à　ǎ　á　ā　　⑤ ǎ　á　à　ā　　⑥ á　ǎ　ā　à

2. 発音されたものに丸を付けなさい。

① mā　má　mǎ　mà　　② mà　mǎ　má　mā　　③ má　mā　mà　mǎ
④ mǎ　má　mà　mā　　⑤ mā　mà　mǎ　má　　⑥ má　mǎ　mā　mà

3. 発音を聞いて，声調記号を付けなさい。

① a　　② a　　③ a　　④ a　　⑤ a
⑥ ma　　⑦ ma　　⑧ ma　　⑨ ma　　⑩ ma

♪ 03

2 基本になる母音

母音は単独で，或いは韻母として声母と組み合わさって，音節を形成する。

a	o	e	i	u	ü	((er))
			(yi)	(wu)	(yu)	

▶（　　）内は声母を伴わずに単独で音節を形成する場合のつづり方。

a [a]　日本語のアより口を大きく開いて発音する。
o [ɔ]　日本語のオより唇を丸く突き出すようにして発音する。
e [ɤ]　日本語のエの口の形をして，のどの奥からオを発音する。

▶ e は間投詞などにおいて日本語のエのように発音されることがある。その場合は，ê と表記する。

i [i]　日本語のイよりも唇を左右に引いて発音する。
u [u]　日本語のウよりも唇を丸く突き出して発音する。
ü [y]　日本語のユの口の形をしてイを発音する。 ユイ

▶ ü が j, q, x の後に来る場合は，上の２つの点を省いて u と書く。

er [er]　あいまいにアを発音しながら舌の先を上にそらす。⇒ 7 捲舌母音 er と er（儿）化。

発音練習

1. 発音してみよう。

①a　o　e　②e　o　a　③o　a　e
④i　u　ü　⑤u　ü　i　⑥ü　i　u

2. 発音を聞いて、声調記号を付けなさい。

①a　②o　③e　④yi　⑤wu
⑥yu　⑦e　⑧a　⑨wu　⑩yu

3. (1) 声調に注意しながら発音してみよう。
(2) 発音されたものに丸を付けなさい。

①ō　ē　②yī　yū　③yī　wū　④é　ér　⑤ò　è
⑥yǐ　wǔ　⑦yú　yí　⑧wù　yù　⑨ě　ǒ　⑩yǔ　wǔ
⑪á　ó　⑫wú　yú

♪ 04

3 子　音(声母)

21 の子音はいずれも音節のはじめにくる。これを声母とよぶ。

唇　音	b	[p]	p	[p‘]	m	[m]	f	[f]
舌尖音	d	[t]	t	[t‘]	n	[n]	l	[l]
舌根音	g	[k]	k	[k‘]	h	[x]		
舌面音	j	[tɕ]	q	[tɕ‘]	x	[ɕ]		
舌尖後音	zh	[tʂ]	ch	[tʂ‘]	sh	[ʂ]	r	[ʐ]
舌尖前音	z	[ts]	c	[ts‘]	s	[s]		

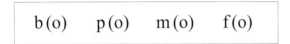

▶ [　　] 内は国際音声記号。

① 唇音(しんおん)

b(o)　　p(o)　　m(o)　　f(o)

▶ 子音だけでは練習しにくいので，(　　) の母音を添えて練習する。

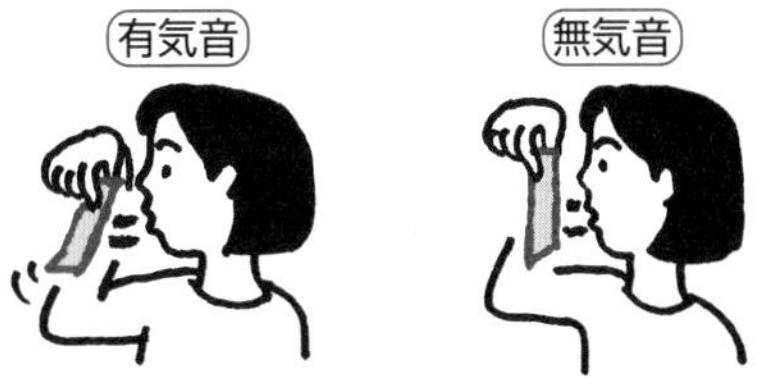

b [p]　唇を軽く閉じ，パ行の音をそっと息をころすようにして発音する。無気音。
p [p‘]　唇を固く閉じ，ためた息を強く吐き出すようにして発音する。有気音。
m [m]　マ行の音を両唇に力を入れて発音する。
f [f]　上の歯を軽く下唇にあて，英語の f を発音する要領で。

☆ 無気音と有気音。

濁　音	清　音	
	無気音	有気音
[b]	b [p]	p [p‘]

[日本語]

濁　音	清　音	
ボ [b]	b [p]	p [p‘]

② 舌尖音(ぜっせんおん)

d(e)　　t(e)　　n(e)　　l(e)

d [t]　舌の先を上の歯ぐきと歯の間につけ，タ行の音をそっと息をころすようにして発音する。無気音。
t [t‘]　タ行の音を息を強く吐くようにして発音する。有気音。
n [n]　舌の先を上の歯ぐきと歯の間に押しつけてナ行の音を。
l [l]　舌の先を上の歯ぐきに押しつけて，英語の l の要領で。

③ 舌根音（ぜっこんおん）

g(e)	k(e)	h(e)

g ［k］— k ［k‘］　舌の後部をのどに押しつけ，g は息をそっと，k は息を強く。
h ［h］　ハーっと息を吐く時の要領で。

④ 舌面音（ぜつめんおん）

j(i)	q(i)	x(i)

j ［tɕ］— q ［tɕ‘］　舌面を上あごに近づけて，日本語のチの要領で。j は無気音，q は有気音。
x ［ɕ］　日本語のシの要領で。

⑤ 舌尖後音（ぜっせんこうおん）（そり舌音）

zh(i)	ch(i)	sh(i)	r(i)

▶ この場合の i は鋭い [i] ではなく，あいまいな [ʅ] である。

zh［tʂ］— ch ［tʂ‘］　舌の先を上の歯ぐきよりやや奥のあたりまでそらして，舌先の裏側を上あごにつけるようにして発音する。zh は無気音，ch は有気音。
sh［ʂ］　舌先の裏側を上あごに近づけ，シを発音する。
r ［ʐ］　sh と同じ要領で，息を強く出してリを発音する。

⑥ 舌尖前音（ぜっせんぜんおん）（舌歯音）

z(i)	c(i)	s(i)

▶ この場合の i も鋭い [i] ではなく，あいまいな [ɿ] である。

z ［ts］— c ［ts‘］　舌の先を上の歯の裏側に押しつけ，口をやや左右に引いて，日本語のツを発音する。z は無気音，c は有気音。
s ［s］　舌先を上の歯の裏側に押しつけ，口をやや左右に引いてスを発音する。

発音練習

1. 発音してみよう。

① gu　ku　hu　② zhe　che　she　re　③ zhu　chu　shu　ru
④ ze　ce　se　⑤ zu　cu　su　⑥ ju　qu　xu　⑦ nü　lü

2. (1) 無気音と有気音の違いに注意しながら，発音してみよう。
(2) 発音されたものに丸を付けなさい。

① bá pá	② dà tà	③ gǎ kǎ	④ bí pí	⑤ gè kè
⑥ gù kù	⑦ jú qú	⑧ jǐ qǐ	⑨ zhá chá	⑩ dù tù
⑪ zhě chè	⑫ bù pú	⑬ zé cè	⑭ zhǔ chú	⑮ zǔ cù

3. 次の単語を読んでみよう。

① kèqi 客气	② dìtú 地图	③ yǔfǎ 语法	④ nǔlì 努力	⑤ nǚzǐ 女子
⑥ zìjǐ 自己	⑦ yìqǐ 一起	⑧ dúshū 读书	⑨ dìyī 第一	⑩ gēqǔ 歌曲

♪ 05

4 複合母音

２つ以上の母音が複合して出来た母音をいう。前の母音から後の母音へ自然に移動していくように発音する。

ai	ei	ao	ou		―― 主母音＋尾音
ia (ya)	ie* (ye)	ua (wa)	uo (wo)	üe* (yue)	―― 介音＋主母音

▶ ie, üe の e はエに近い音に変わる。

iao (yao)	iou (you)	uai (wai)	uei (wei)	―― 介音＋主母音＋尾音

▶ iou と uei はまんなかの o や e が聞こえないことがあり，前に子音が付く時は，liou → liu（例 六），guei → gui（例 贵）のように，o や e を省略してつづる。

発音練習

1. 声調に注意しながら発音してみよう。

① āi	② éi	③ áo	④ ǒu	⑤ yá	⑥ yào	⑦ yóu	⑧ yé
⑨ yuè	⑩ wǎ	⑪ wō	⑫ wài	⑬ wěi			

2. (1) 次の子音と複合母音による音節を発音してみよう。
(2) 発音されたものに丸を付けなさい。

① bǎo pǎo	② táo tóu	③ dōu duō	④ māo miāo	⑤ xié xué
⑥ chāi chuāi	⑦ zhèi zhuì	⑧ huò hòu	⑨ zhǎi zhuǎi	⑩ luò ruò
⑪ nüè lüè	⑫ sháo ráo	⑬ chuò cuò	⑭ lòu ròu	⑮ kuà guà

3. 次の単語を読んでみよう。

① xuéxiào 学校	② xuéxí 学习	③ jiàoshì 教室	④ shūbāo 书包
⑤ shǒujī 手机	⑥ zuòyè 作业	⑦ huìhuà 会话	⑧ dàjiā 大家
⑨ dǎqiú 打球	⑩ huíjiā 回家		

♪ 06

5 鼻音を伴う母音

前鼻音 n [-n]　舌の先を上の歯ぐきの裏側につけて発音する。
アンナイ(案内)のアンの要領で。

奥鼻音 ng [-ŋ]　舌の後部を奥に引いて，息を鼻からぬくようにして発音する。
アンガイ(案外)のアンの要領で。

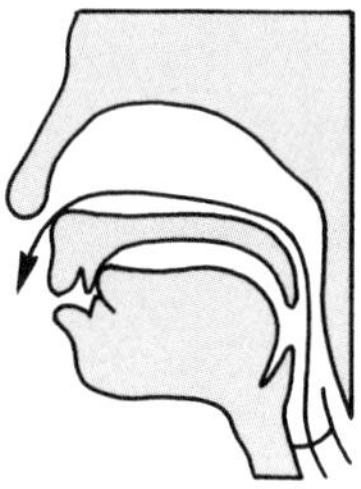

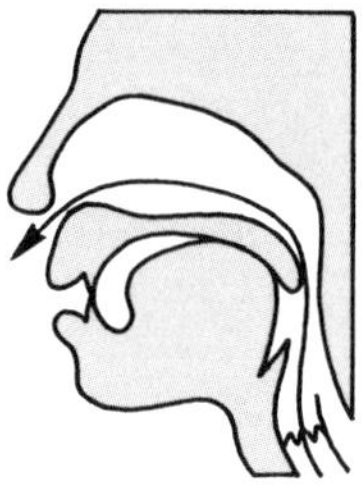

an	en	in (yin)	ian (yan)
ang	eng	ing (ying)	iang (yang)
uan (wan)		uen* (wen)	
uang (wang)		ueng (weng)	
üan (yuan)	ün (yun)	ong	iong (yong)

▶ uen の前に子音が付く時は e を省略する。　例 kuen → kun（例 困）

発音練習

1. 発音されたものに丸をつけなさい。

① an　ang	② en　eng	③ yin　ying	④ wan　wang
⑤ yan　yang	⑥ wen　weng	⑦ eng　ying	⑧ ang　yang
⑨ ang　ong	⑩ yang　ying	⑪ ong　eng	⑫ wang　weng
⑬ yuan　yun	⑭ an en	⑮ an　yan	⑯ yin　wen
⑰ yan　yin	⑱ wan　wen	⑲ an　yuan	⑳ wen　yun

2. (1) 次の子音と鼻音を伴う母音による音節を発音してみよう。
(2) 発音されたものに丸を付けなさい。

① bān　bāng	② zhǎn　zhěn	③ mín　mén	④ chuán　chuáng
⑤ fàn　fàng	⑥ gāng　guāng	⑦ luàn　lùn	⑧ xìn　xìng
⑨ pàng　pèng	⑩ xiǎn　xiǎng	⑪ gòng　gèng	⑫ shēn　shēng
⑬ nán　nián	⑭ niáng　níng	⑮ juǎn　jǔn	

Tiān'ānmén　天安门

3. 次の単語を読んでみよう。

① Rìběn 日本	② Zhōngguó 中国	③ tóngxué 同学	④ guānzhào 关照
⑤ Hànyǔ 汉语	⑥ cídiǎn 词典	⑦ yínháng 银行	⑧ qǐchuáng 起床
⑨ túshūguǎn 图书馆	⑩ diànyǐngyuàn 电影院		

♪07 6 軽　声

本来の声調を失って，軽く短く発音される音節をいう。

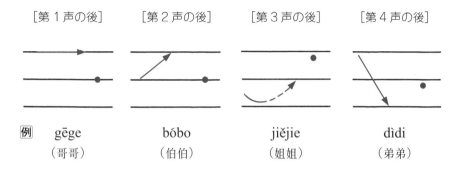

［第１声の後］　［第２声の後］　［第３声の後］　［第４声の後］

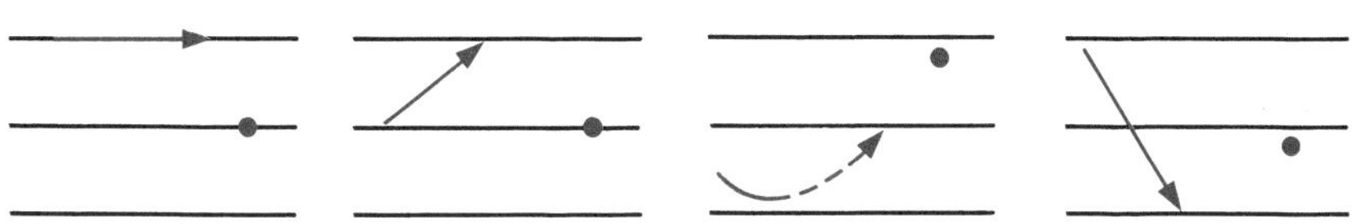

例	gēge（哥哥）	bóbo（伯伯）	jiějie（姐姐）	dìdi（弟弟）

♪08 7 捲舌（けんぜつ）母音 er と er（儿）化

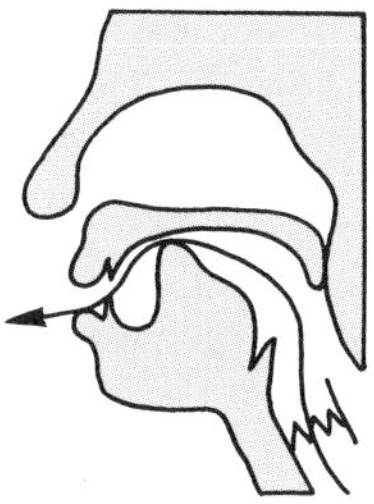

捲舌母音 er は自然に口を開けて単母音 e の音を出しながら，舌の先を上あごに向けてそらせるようにして発音する。エルとアルの中間の音。

er は単独で ěr（耳），èr（二）などの音節を形成するほか，接尾辞として他の音節につき，“儿”(児)という漢字で表記される。この現象を“儿”化と呼んでいる。

例　gēr（歌儿）　huār（花儿）　lǎotóur（老头儿）　xiǎoháir（小孩儿）

▶“儿”化した場合，xiǎoháir が xiǎohár のようになるなど，微妙に発音が変化することがある。

♪09 8 声調の変化

① 第３声の変化

a ３声が２つ重なった時は，前の第３声は２声に変わる。

例
nǐ hǎo（你好）　⇨　ní hǎo
gěi nǐ（给你）　⇨　géi nǐ
shǒubiǎo（手表）　⇨　shóubiǎo
xǐzǎo（洗澡）　⇨　xízǎo

▶ ただし，声調記号はもとのまま第３声の記号（ˇ）をつける。

b 第３声が第１，第２，第４声および大部分の軽声の前にきた時は，半３声，すなわち本来の第３声の前半分だけを低く抑えて発音するが，この場合も記号はもとのまま（ˇ）を用いる。

② **“不 bù” の声調変化**

“不 bù” はもともと第 4 声であるが，後に第 4 声が続いた場合は，第 2声に変わる。

例 bú duì（不对）　bú qù（不去）　bú shì（不是）

▶ このテキストでは，変化した後の第 2 声の声調記号を付ける。

③ **“一 yī” の声調変化**

“一 yī” はもともと第 1 声であるが，後に続く音節によって，第 2 声または第 4 声に変わることがある。

a 単独で用いられる場合，または 2 ケタ以上の数の 10 の位あるいは最後のケタにあたる場合は，もとどおり第 1 声に発音される。

例 èrbǎi yīshisān（二百一十三）　sānbǎi èrshiyī（三百二十一）

b 後に第 4 声(または第 4 声から転化した軽声)がきた場合，第 2 声に変わる。

例 yídìng（一定）　yí duì（一对）　yí ge（一个）

c 後に第 1，第 2，第 3 声がきた場合，第 4 声に変わる。

例 yìbān（一般）　yìzhí（一直）　yìbǎi（一百）

ただし，序数として用いられた場合には変化せずに第 1 声に発音される。

例 dì yī kè（第一课）　yīyuè（一月）

▶ このテキストでは，変化するものについては，変化した後の声調記号を付ける。

9 声調記号の位置

大原則：声調記号は母音の上に付ける。
優先順位 1：a があれば，a の上に。
優先順位 2：a がなければ，o か e の上に
優先順位 3：iu か ui があれば，後の u または i の上に。

注意：i の上に声調記号を付けるときは，上の点を省く。

中国語表記ローマ字

漢字はそのままでは読み方を知る手がかりに乏しい。また，同じ漢字であっても，方言によって読み方が異なる。そこで，別に読み方を示す方法が，どうしても必要になってくる。“汉语拼音方案”（Hànyǔ Pīnyīn Fāng’àn）と呼ばれる現行の表音方式は，ローマ字と声調記号によって正しい読み方を示そうとしたもので，1958 年に制定され，国際的にも公認されている。

音節表のしくみ

これまでに学んだ共通語の音節を整理して一覧表にしたものが，p. 10–11 の「中国語音節表」である。日本語の 50 音図に相当するものである。

① 声母とは音節のはじめにくる子音のことである。

② 韻母とは声母に続く，音節の残りの部分のことである。

③ 介音（かいおん）とは，声母と主母音とを仲介する働きをする音のことである。

④ 表中の空白部分は，そのような音節が成り立たないか，成り立つとしても実際の中国語のなかに存在しないことを示している。

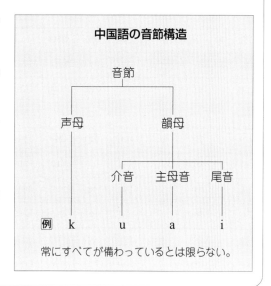

中国語の音節構造

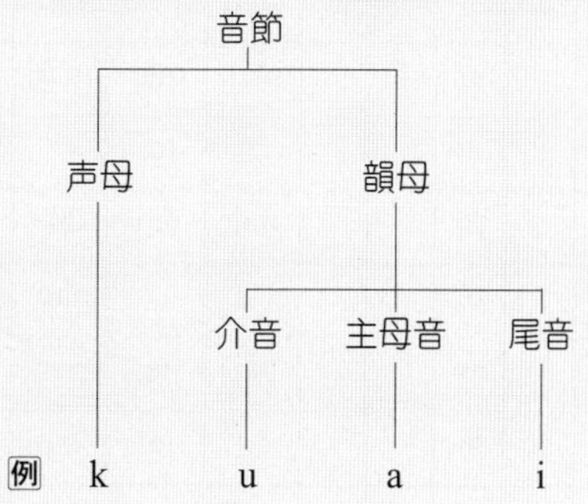

常にすべてが備わっているとは限らない。

わたしたちの学ぶ中国語

中国にはいくつもの方言があり，それぞれ違った発音の体系によって話されている。もし各人が自分の方言によって話したなら，お互いに全然通じないこともしばしばある。そこで北京語の発音の体系を基準とし，広く北方の話しことばを取り入れた共通語の育成に努めている。中国語で“普通话”（pǔtōnghuà）と呼ばれるこの共通語が，わたしたちの学ぶ中国語である。

● 中国語音節表

韻母＼声母	1（介音なし）														2				
	a	o	e	-i	er	ai	ei	ao	ou	an	en	ang	eng	ong	i	ia	ie	iao	iou -iu
b	ba	bo				bai	bei	bao		ban	ben	bang	beng		bi		bie	biao	
p	pa	po				pai	pei	pao	pou	pan	pen	pang	peng		pi		pie	piao	
m	ma	mo	me			mai	mei	mao	mou	man	men	mang	meng		mi		mie	miao	miu
f	fa	fo					fei		fou	fan	fen	fang	feng						
d	da		de			dai	dei	dao	dou	dan	den	dang	deng	dong	di	dia	die	diao	diu
t	ta		te			tai		tao	tou	tan		tang	teng	tong	ti		tie	tiao	
n	na		ne			nai	nei	nao	nou	nan	nen	nang	neng	nong	ni		nie	niao	niu
l	la	lo	le			lai	lei	lao	lou	lan		lang	leng	long	li	lia	lie	liao	liu
g	ga		ge			gai	gei	gao	gou	gan	gen	gang	geng	gong					
k	ka		ke			kai	kei	kao	kou	kan	ken	kang	keng	kong					
h	ha		he			hai	hei	hao	hou	han	hen	hang	heng	hong					
j															ji	jia	jie	jiao	jiu
q															qi	qia	qie	qiao	qiu
x															xi	xia	xie	xiao	xiu
zh	zha		zhe	zhi		zhai	zhei	zhao	zhou	zhan	zhen	zhang	zheng	zhong					
ch	cha		che	chi		chai		chao	chou	chan	chen	chang	cheng	chong					
sh	sha		she	shi		shai	shei	shao	shou	shan	shen	shang	sheng						
r			re	ri				rao	rou	ran	ren	rang	reng	rong					
z	za		ze	zi		zai	zei	zao	zou	zan	zen	zang	zeng	zong					
c	ca		ce	ci		cai		cao	cou	can	cen	cang	ceng	cong					
s	sa		se	si		sai		sao	sou	san	sen	sang	seng	song					
ゼロ*	a	o	e		er	ai	ei	ao	ou	an	en	ang	eng		yi	ya	ye	yao	yo

＊ 声母ゼロとは，韻母のみで音節が構成されていることをいう。

(介音 i)					3（介音 u）									4（介音 ü）			
ian	in	iang	ing	iong	u	ua	uo	uai	uei -ui	uan	uen -un	uang	ueng	ü	üe	üan	ün
bian	bin		bing		bu												
pian	pin		ping		pu												
mian	min		ming		mu												
					fu												
dian			ding		du		duo		dui	duan	dun						
tian			ting		tu		tuo		tui	tuan	tun						
nian	nin	niang	ning		nu		nuo			nuan				nü	nüe		
lian	lin	liang	ling		lu		luo			luan	lun			lü	lüe		
					gu	gua	guo	guai	gui	guan	gun	guang					
					ku	kua	kuo	kuai	kui	kuan	kun	kuang					
					hu	hua	huo	huai	hui	huan	hun	huang					
jian	jin	jiang	jing	jiong										ju	jue	juan	jun
qian	qin	qiang	qing	qiong										qu	que	quan	qun
xian	xin	xiang	xing	xiong										xu	xue	xuan	xun
					zhu	zhua	zhuo	zhuai	zhui	zhuan	zhun	zhuang					
					chu	chua	chuo	chuai	chui	chuan	chun	chuang					
					shu	shua	shuo	shuai	shui	shuan	shun	shuang					
					ru	rua	ruo		rui	ruan	run						
					zu		zuo		zui	zuan	zun						
					cu		cuo		cui	cuan	cun						
					su		suo		sui	suan	sun						
yan	yin	yang	ying	yong	wu	wa	wo	wai	wei	wan	wen	wang	weng	yu	yue	yuan	yun

声調の組み合わせ

第 1 声＋第 1 声：	春天 chūntiān	星期 xīngqī	书包 shūbāo	通知 tōngzhī
第 1 声＋第 2 声：	科学 kēxué	中文 Zhōngwén	新闻 xīnwén	欢迎 huānyíng
第 1 声＋第 3 声：	开水 kāishuǐ	宾馆 bīnguǎn	英语 Yīngyǔ	生产 shēngchǎn
第 1 声＋第 4 声：	天气 tiānqì	商店 shāngdiàn	车站 chēzhàn	方便 fāngbiàn
第 1 声＋軽声：	先生 xiānsheng	衣服 yīfu	心里 xīnli	桌子 zhuōzi
第 2 声＋第 1 声：	国家 guójiā	图书 túshū	牙刷 yáshuā	年轻 niánqīng
第 2 声＋第 2 声：	邮局 yóujú	银行 yínháng	食堂 shítáng	回答 huídá
第 2 声＋第 3 声：	啤酒 píjiǔ	苹果 píngguǒ	牛奶 niúnǎi	游泳 yóuyǒng
第 2 声＋第 4 声：	节目 jiémù	磁带 cídài	文化 wénhuà	奇怪 qíguài
第 2 声＋軽声：	棉花 miánhua	舌头 shétou	朋友 péngyou	凉快 liángkuai
第 3 声＋第 1 声：	火车 huǒchē	手机 shǒujī	雨衣 yǔyī	简单 jiǎndān
第 3 声＋第 2 声：	祖国 zǔguó	主席 zhǔxí	语言 yǔyán	可怜 kělián
第 3 声＋第 3 声：	水果 shuǐguǒ	旅馆 lǚguǎn	手指 shǒuzhǐ	洗澡 xǐzǎo
第 3 声＋第 4 声：	眼镜 yǎnjìng	友谊 yǒuyì	比赛 bǐsài	访问 fǎngwèn
第 3 声＋軽声：	嘴巴 zuǐba	骨头 gǔtou	姐姐 jiějie	口袋 kǒudai
第 4 声＋第 1 声：	蛋糕 dàngāo	面包 miànbāo	快餐 kuàicān	卫生 wèishēng
第 4 声＋第 2 声：	问题 wèntí	课文 kèwén	教员 jiàoyuán	特别 tèbié
第 4 声＋第 3 声：	外语 wàiyǔ	电脑 diànnǎo	厕所 cèsuǒ	跳舞 tiàowǔ
第 4 声＋第 4 声：	教室 jiàoshì	作业 zuòyè	散步 sànbù	睡觉 shuìjiào
第 4 声＋軽声：	地方 dìfang	价钱 jiàqian	戒指 jièzhi	漂亮 piàoliang

请 多 关照！
Qǐng duō guānzhào!

♪ 10

第 1 课
Dì yī kè

どうぞよろしく！

✎ 新出単語

♪ 11

名　詞
- □ 日本人 Rìběnrén　日本人
- □ 中国人 Zhōngguórén　中国人
- □ 法国人 Fǎguórén　フランス人
- □ 美国人 Měiguórén　アメリカ人
- □ 英国人 Yīngguórén　イギリス人
- □ 同屋 tóngwū　ルームメート
- □ 同学 tóngxué　同級生，クラスメート
- □ 学生 xuésheng　学生，生徒
- □ 老师 lǎoshī　学校の先生，教師
- □ 名字 míngzi　名前；姓と名，あるいは名のみ

動　詞
- □ 是 Shì　…である
- □ 姓 xìng　…という姓である
- □ 叫 jiào　…と言う，呼ぶ
- □ 请 qǐng　頼む
- □ 关照 guānzhào　面倒を見る，世話をする

形容詞
- □ 多 duō　多い
- □ 好 hǎo　よい
- □ 客气 kèqi　遠慮深い

その他
- □ 什么 shénme 疑代　なに
- □ 不 bù 副　動詞・形容詞などを否定する。…しない，…ではない
- □ 吗 ma 助　文末に用い，疑問の語気を表す
- □ 是的 shì de　そうです，そのとおりです
- □ 哪国人 nǎ guó rén　どこの国の人

代名詞 ⇒ 文法要点 ❶

本文 1

田中美桜さんの北京の大学での留学生活が始まりました。田中さんは北京空港に着いたところです。同じ大学の中国人の学生である張華さんとこれからルームメイトになるフランス人のマリーさんが空港に迎えに来ています。

♪ 12

张华：你 是 田中 美樱 吗?
Nǐ shì Tiánzhōng Měiyīng ma?

美樱：是 的。
Shì de.

张华：我 姓 张，叫 张 华。 你 好！
Wǒ xìng Zhāng, jiào Zhāng Huá. Nǐ hǎo!

美樱：你 好！
Nǐ hǎo!

张华：她 叫 玛丽，是 法国人。
Tā jiào Mǎlì, shì Fǎguórén.

玛丽：我们 是 同屋。
Wǒmen shì tóngwū

美樱：请 多 关照！
Qǐng duō guānzhào!

玛丽：不 客气！
Bú kèqi!

● 文法要点＆例文

♪ 13

❶ 人称代名詞

	単数	複数
一人称	我 wǒ （ぼく，わたし，わたくし）	我们 wǒmen （わたしたち）
二人称	你 nǐ（您 nín） （きみ，あなた）	你们 nǐmen （あなたがた）
三人称	他、她、它 tā （彼）（彼女）（それ）	他们、她们、它们 tāmen （彼ら）（彼女ら）（それら）

・“您” は “你” の敬称である。
・“他” は男性，“她” は女性，“它” は人以外のものを表す。
・“们” は複数を表す接尾辞である。

❷ 動詞述語文

主語	述語（動詞）	目的語

1 我 姓 张。
Wǒ xìng Zhāng.

2 我 叫 张 华。
Wǒ jiào Zhāng Huá.

3 她 是 田中 美樱。
Tā shì Tiánzhōng Měiyīng.

4 我们 是 日本人。
Wǒmen shì Rìběnrén.

❸ 否定副詞 “不”

主語	状況語（副詞 “不”）	述語（動詞）	目的語

1 我 不 姓 张。
Wǒ bú xìng Zhāng.

2 我 不 叫 张 华。
Wǒ bú jiào Zhāng Huá.

3 他们 不 是 中国人。
Tāmen bú shì Zhōngguórén.

4 我们 不 是 老师，是 学生。
Wǒmen bú shì lǎoshī, shì xuésheng.

❹ 文末に “吗” を用いる疑問文

1 你 姓 张 吗？ —我 不 姓 张。
Nǐ xìng Zhāng ma? Wǒ bú xìng Zhāng.

2 你 叫 玛丽 吗？ —我 叫 玛丽。
Nǐ jiào Mǎlì ma? Wǒ jiào Mǎlì.

3 你 是 法国人 吗？ —不 是。
Nǐ shì Fǎguórén ma? Bú shì.

4 你们 是 同学 吗？ —是。
Nǐmen shì tóngxué ma? Shì.

❺ 疑問詞疑問文（1）

1 你 姓 什么？ —我 姓 张。
Nǐ xìng shénme? Wǒ xìng Zhāng.

2 你 叫 什么 名字？ —我 叫 田中 美樱。
Nǐ jiào shénme míngzi? Wǒ jiào Tiánzhōng Měiyīng.

3 你 是 哪 国 人？ —我 是 中国人。
Nǐ shì nǎ guó rén? Wǒ shì Zhōngguórén.

練習 1

1 イラストを見ながら，次の文の下線部を言い換えましょう。

他 / 她是<u>日本人</u>，
不是<u>中国人</u>。

①

②

③

④

⑤

⑥

⑦

⑧
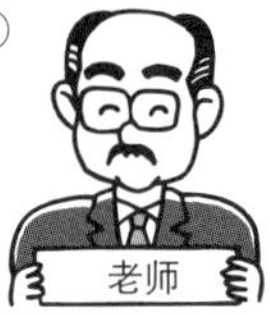

2 次の肯定文を否定文に改めましょう。

① 我姓张。

② 她叫田中美樱。

③ 我们是同屋。

④ 我们是老师。

3 次の問いに答えましょう。

① 你姓什么?

② 你叫什么名字?

③ 你是中国人吗?

④ 你们是同学吗?

4 次の日本語を中国語に訳しましょう。

① わたしは田中です，田中美桜と申します。

② あなたは中国人ですか。

③ わたしは日本人です，中国人ではありません。

④ どうぞよろしくお願いします。

●話してみよう●

♪ 14

▶ひとこと自己紹介 (1)

我姓＿＿＿＿＿，	Wǒ xìng ＿＿＿＿＿,
我叫＿＿＿＿＿，	wǒ jiào ＿＿＿＿＿,
我是日本人，	wǒ shì Rìběnrén,
我是学生。	wǒ shì xuésheng.

▶会話にチャレンジ！

您 贵 姓? Nín guì xìng?	我姓＿＿＿＿＿。
您 叫 什么 名字? Nín jiào shénme míngzi?	我叫＿＿＿＿＿。
你 是 哪 国 人? Nǐ shì nǎ guó rén?	我是日本人。
你 是 学生 吗? Nǐ shì xuésheng ma?	我是学生。

● 中国人の姓上位 10

王（王） Wáng	李（李） Lǐ	张（張） Zhāng	刘（劉） Liú	陈（陳） Chén
杨（楊） Yáng	赵（趙） Zhào	黄（黄） Huáng	周（周） Zhōu	吴（呉） Wú

● 日本人の姓上位 10

佐藤（佐藤） Zuǒténg	鈴木（铃木） Língmù	高橋（高桥） Gāoqiáo	田中（田中） Tiánzhōng
渡辺（渡边） Dùbiān	伊藤（伊藤） Yīténg	山本（山本） Shānběn	
中村（中村） Zhōngcūn	小林（小林） Xiǎolín	加藤（加藤） Jiāténg	

日本人の姓の数は一説に 30 万ともされますが，14 億人の中国人はどれほどの姓があるのでしょうか。ちなみに韓国人の姓は 300 にも満たないとされています。

中国人の姓のうち，一文字の姓を「単姓」，二文字以上のものを「複姓」といいます。単性が多数を占めており，複姓には「欧陽、司徒、司馬、諸葛」などが挙げられます。

宋の時代に《百家姓》という本が編まれましたが，“百家”の“百”は単に数が多いことをいうだけで，事実，この本には 400 余りの姓が収められています。なぜこの本が編まれたかというと，これによって児童に字を教えたのです。さしずめ寺子屋の読み方の教科書といったところでしょうか。400 余りの姓が 4 字ずつひとまとまりになって，なんとなく韻文めいた，口調の良い配列で並んでいます。その最初の一句が“赵（Zhào）、钱（Qián）、孙（Sūn）、李（Lǐ）”と“赵”で始まるのは，宋の王室の姓が“赵”（趙）であったからです。

もっとも，今日の中国人の姓の数は 400 余りに尽きるわけではなく，厳揚帆《新編千家姓》（1981 年 10 月，群衆出版社）には単性，複姓合わせて 3107 姓が収められています。

日本人の姓に比べて中国人の姓ははるかに少ないのみならず，限られた少数の姓が圧倒的な割合で使われています。近頃の統計では順位 3 までの“王、李、张”のみで，全体の 2 割以上，10 番目の“吴”までで，4 割以上を占めています。

留学生 多不多?

Liúxuéshēng duō bu duō?

♪ 15

第2课
Dì èr kè

留学生は多いですか？

新出単語

♪ 16

名　詞

- □ 学校 xuéxiào　学校
- □ 房间 fángjiān　部屋，ルーム
- □ 留学生 liúxuéshēng　留学生
- □ 身体 shēntǐ　体，身体
- □ 姓 xìng　姓，名字
- □ 班 bān　クラス
- □ 妈妈 māma　母，お母さん

動　詞

- □ 学习 xuéxí　学ぶ，学習する

形容詞

- □ 远 yuǎn　遠い
- □ 近 jìn　近い
- □ 少 shǎo　少ない
- □ 大 dà　大きい
- □ 小 xiǎo　小さい
- □ 忙 máng　忙しい

副　詞

- □ 很 hěn　とても
- □ 太 tài　はなはだ，たいへん

その他

- □ 的 de 助　限定語（連体修飾語）をつくる。…の
- □ 不太 bú tài　あまり…でない
- □ 还可以 hái kěyǐ　まあまあである，なんとか我慢できる程度である

本文２

迎えに来た張華さん，マリーさんと一緒に大学に行く途中，美桜さんは二人に学校のことを聞いています。

♪ 17

美樱：张　华，我们 学校 远 吗?
Zhāng Huá, wǒmen xuéxiào yuǎn ma?

张华：不 远。
Bù yuǎn.

美樱：玛丽，我们 的 房间 大 吗?
Mǎlì, wǒmen de fángjiān dà ma?

玛丽：不 太 大。
Bú tài dà.

美樱：留学生　多 不 多?
Liúxuéshēng duō bu duō?

玛丽：很 多。
Hěn duō.

美樱：学习 忙 不 忙?
Xuéxí máng bu máng?

张华：还 可以。
Hái kěyǐ.

● 文法要点＆例文

18

❶ 形容詞述語文

主語	(“很”) ＋ 述語 (形容詞)

1 学生　很　多。
Xuésheng hěn duō.

2 学校　不　远。
Xuéxiào bù yuǎn.

3 我 的 房间　小，他 的 房间 大。
Wǒ de fángjiān xiǎo, tā de fángjiān dà.

4 老师　忙　吗？
Lǎoshī máng ma?

❷ 主述述語文

主語	述語	
	主語	述語

1 我　身体　很　好。
Wǒ shēntǐ hěn hǎo.

2 他　学习　不 太 好。
Tā xuéxí bú tài hǎo.

3 我们　班　学生　很　多。
Wǒmen bān xuésheng hěn duō.

4 我们　学校　老师 不 多。
Wǒmen xuéxiào lǎoshī bù duō.

❸ 限定語 (1)

1	限定語 (名詞・代名詞) ＋ “的”	中心語 (名詞)
2	限定語 (人称代名詞) ＋ (“的”)	中心語 (名詞)

1 美樱　是 玛丽 的　同屋。
Měiyīng shì Mǎlì de tóngwū.

2 她 的　房间　不 太 大。
Tā de fángjiān bú tài dà.

3 我　妈妈 是 老师。
Wǒ māma shì lǎoshī.

4 我们　学校　远，他们　学校　近。
Wǒmen xuéxiào yuǎn, tāmen xuéxiào jìn.

❹ 正反疑問文

1 你们　老师　忙　不　忙？　—很　忙。
Nǐmen lǎoshī máng bu máng?　Hěn máng.

2 中国人　的　姓　多 不 多？　—不 多。
Zhōngguórén de xìng duō bu duō?　Bù duō.

3 他们　是 不 是　学生？　—是。
Tāmen shì bu shì xuésheng　Shì.

練習 2

1 次の文の下線部を言い換えましょう。

你们　学校　<u>远</u>　吗?　—很　<u>远</u>。
Nǐmen xuéxiào yuǎn ma?　Hěn yuǎn.
—不太　<u>远</u>。
Bú tài yuǎn.
—不　<u>远</u>。
Bù yuǎn.

大	好	忙
dà	hǎo	máng

2 次の問いに答えましょう。

① 中国　大 不 大?
Zhōngguó dà bu dà?

② 法国　好 不 好?
Fǎguó hǎo bu hǎo?

③ 英国人　忙 不 忙?
Yīngguórén máng bu máng?

④ 日本人　的　姓　多 不 多?
Rìběnrén de xìng duō bu duō?

3 次の“吗”を用いた疑問文を正反疑問文に改めましょう。

① 你　忙　吗?
Nǐ máng ma?

② 你　的　房间　大 吗?
Nǐ de fángjiān dà ma?

③ 他 是　美国人　吗?
Tā shì měiguórén ma?

④ 她 是 你 的　同学　吗?
Tā shì nǐ de tóngxué ma?

4 a～e 各組の語句を使って，各文の空欄を埋めましょう。

① 他们　学校（　　），我们　学校（　　）。
Tāmen xuéxiào　wǒmen xuéxiào

② 日本人　的 姓（　　），中国人　的　姓（　　）。
Rìběnrén de xìng　Zhōngguórén de xìng

③ 日本人（　　），英国人（　　）。
Rìběnrén　Yīngguórén

④ 他 身体（　　），学习（　　）。
Tā shēntǐ　xuéxí

⑤ 他 的　房间（　　），我 的　房间（　　）。
Tā de fángjiān　wǒ de fángjiān

a 大－小 dà xiǎo	b 多－少 duō shǎo
c 远－近 yuǎn jìn	d 忙－不 忙 máng bù máng
e 好－不 好 hǎo bù hǎo	

●話してみよう●

♪19

▶ひとこと自己紹介（2）

我身体很好，　Wǒ shēntǐ hěn hǎo,

学习还可以，　xuéxí hái kěyǐ,

我的房间不太大，　wǒ de fángjiān bú tài dà,

我们班学生不多。　wǒmen bān xuésheng bù duō.

▶会話にチャレンジ！

你 身体 好 吗？　—很好。
Nǐ shēntǐ hǎo ma?

你 学习 好 吗？　—还可以。
Nǐ xuéxí hǎo ma?

你 的 房间 大 不 大？　—不太大。
Nǐ de fángjiān dà bu dà?

你们 班 学生 多 不 多？　—不多。
Nǐmen bān xuésheng duō bu duō?

● よく使われる挨拶

您好！
Nín hǎo!
こんにちは。

您早！
Nín zǎo!
おはようございます。

谢谢！
Xièxie
ありがとうございます。

不用谢！
Búyòng xiè!
どういたしまして。

对不起！
Duìbuqǐ!
ごめんなさい。

没关系！
Méi guānxi!
お気になさらないで。

打扰您了！
Dǎrǎo nín le!
お邪魔しました。

不客气！
Bú kèqi!
ご遠慮なさらないで。

请进！
Qǐng jìn!
どうぞお入りください。

请等一下！
Qǐng děng yíxià!
ちょっとお待ちください。

辛苦了！
Xīnkǔ le!
お疲れ様です。

再见！
Zàijiàn!
さようなら。

第１課の本文に示されているように，初対面のとき，張華と美桜は“你好！”と挨拶を交わしています。この“你好！”は日本語の「こんにちは」に相当します。極めて簡単な挨拶ことばですが，使い方を考えると少しややこしいところもあります。実は中国人同士は初対面のときや久しぶりに会ったとき以外は，めったに“你好！”や“您好！”を使わないのです。

それでは中国人同士はふだんどのように挨拶するかというと，その場その場に合ったことばで挨拶します。例えば，食事時間に出会ったら“吃饭了吗？”（食事は済みましたか）と聞き，道で会ったら“去哪儿？”（どこに行きますか）と聞き，答えは“吃了。”（済みました）“去那儿。”（その辺へ）など，適当でいいのです。

こういう事情を考えると，中国人は人に会うたびに挨拶ことばを考え出さなければならず大変だとも言えますが，思いつかないときは相手に呼びかけるだけでもよいのです。例えば，キャンパスで先生に出会ったとしたら“〇〇老师！”，学生相手であれば“张华！”のように呼びかけます。

ちなみに，日本人は挨拶しながらお辞儀を，中国人は握手をする習慣があります。中国人と日本人を顔で見分けられない欧米人は，挨拶するときの動作で中国人か日本人かを見分けているそうです。

你家有几口人？
Nǐ jiā yǒu jǐ kǒu rén

第3课
Dì sān kè

♪ 20

あなたのご家族は何人いますか？

新出単語

♪ 21

名　詞
- □ 人 rén　人
- □ 家 jiā　家，家庭
- □ 爸爸 bàba　父，お父さん
- □ 哥哥 gēge　兄，お兄さん
- □ 姐姐 jiějie　姉，お姉さん
- □ 弟弟 dìdi　弟
- □ 妹妹 mèimei　妹
- □ 照片 zhàopiàn　＝"照片儿"（zhàopiānr）写真
- □ 地图 dìtú　地図
- □ 电子 diànzǐ　電子
- □ 词典 cídiǎn　（単語単位で解説した）辞書，辞典。"辞典"とも書く。cf. "字典"（zìdiǎn）は文字単位で解説した字書，字典
- □ 书 shū　本，書籍
- □ 手机 shǒujī　携帯電話
- □ 号码 hàomǎ　番号
- □ 猫 māo　猫
- □ 汉语 Hànyǔ　中国語
- □ 电脑 diànnǎo　コンピューター

動　詞
- □ 有 yǒu　いる，ある，持っている
- □ 看 kàn　見る，読む

形容詞
- □ 全 quán　すべての，全体の
- □ 年轻 niánqīng　年が若い，年少である

副　詞
- □ 没 méi　"有"を否定する，…していない
- □ 真 zhēn　本当に，じつに
- □ 都 dōu　すべて

指示代名詞 ⇒ 文法要点 ❶

数詞と量詞 ⇒ 文法要点 ❷

疑問代詞
- □ 谁 shéi　だれ
- □ 几 jǐ　いくつ；主に10以下の数について用いる
- □ 多少 duōshao　いくつ，どれくらい

その他
- □ 和 hé 接　…と…

本文 3

ルームメイトの美桜さんとマリーさんはお互いに家族のことを尋ね合っています。

♪ 22

美樱：玛丽，你 家 有 几 口 人？
Mǎlì,　nǐ jiā yǒu jǐ kǒu rén?

玛丽：我 家 有 五 口 人，爸爸、妈妈、两 个 弟弟 和 我。
Wǒ jiā yǒu wǔ kǒu rén,　bàba、māma、liǎng ge dìdi hé wǒ.
美樱，你 家 有 什么 人？
Měiyīng,　nǐ jiā yǒu shénme rén?

美樱：你 看，这 是 我们 全 家 的 照片。
Nǐ kàn,　zhè shì wǒmen quán jiā de zhàopiàn.

玛丽：你 妈妈 真 年轻！ 这 是 你 姐姐 吗？
Nǐ māma zhēn niánqīng!　Zhè shì nǐ jiějie ma?

美樱：我 没 有 姐姐，这 是 我 妹妹。那 是 我 的 小 猫。
Wǒ méi yǒu jiějie,　zhè shì wǒ mèimei.　Nà shì wǒ de xiǎo māo.

♪ 23

❶ 指示代名詞

これ	それ	どれ
这 zhè、zhèi	那 nà、nèi	哪 nǎ、něi

・"这、那、哪" は話ことばではよく zhèi、nèi、něi が用いられる。
・複数形は "这些、那些、哪些" (zhèxiē、nàxiē、nǎxiē) となる。

❷ 数詞と量詞

1) 数詞

一 二 三 四 五 六 七 八 九 十
yī èr sān sì wǔ liù qī bā jiǔ shí

十一 十二 十三 …… 二十 二十一 …… 九十九 一百
shíyī shí'èr shísān …… èrshí èrshiyī …… jiǔshijiǔ yìbǎi

2) 量詞

个 ge　口 kǒu　本 běn　张 zhāng　只 zhī

3) 量詞の使い方

限定語(数詞+量詞)	中心語(名詞)

一 个 学生　两 口 人　三 本 书　四 张 地图　五 只 猫
yí ge xuésheng　liǎng kǒu rén　sān běn shū　sì zhāng dìtú　wǔ zhī māo

4) 数量のたずね方: "几" と "多少"

1 你 家 有 几 口 人?
Nǐ jiā yǒu jǐ kǒu rén?

2 你 的 手机 号码 是 多少?
Nǐ de shǒujī hàomǎ shì duōshao?

❸ 所有を表す "有"

1 我 家 有 三 口 人。
Wǒ jiā yǒu sān kǒu rén.

2 美樱 和 玛丽 都 没 有 哥哥。
Měiyīng hé Mǎlì dōu méi yǒu gēge.

3 他 有 电脑, 没 有 电子 词典。
Tā yǒu diànnǎo, méi yǒu diànzǐ cídiǎn.

4 你 有 没 有 妹妹?
Nǐ yǒu mei yǒu mèimei.

❹ 限定語 (2)

限定語(名詞)	中心語(名詞)

1 你 叫 什么 名字?
Nǐ jiào shénme míngzi?

2 他 是 汉语 老师。
Tā shì Hànyǔ lǎoshī.

3 我们 学校 有 中国 留学生。
Wǒmen xuéxiào yǒu Zhōngguó liúxuéshēng.

4 我 有 一 本 电子 词典。
Wǒ yǒu yì běn diànzǐ cídiǎn.

♪ 24

❺ 疑問詞疑問文 (2)

1 这 是 什么? —这 是 书。
Zhè shì shénme? Zhè shì shū.

2 你 家 有 什么 人? —我 家 有 爸爸、妈妈、妹妹 和 我。
Nǐ jiā yǒu shénme rén? Wǒ jiā yǒu bàba、 māma、mèimei hé wǒ.

3 那 是 谁 的 词典? —那 是 老师 的 词典。
Nà shì shéi de cídiǎn? Nà shì lǎoshī de cídiǎn.

4 你 有 几 本 汉语 书? —我 有 两 本 汉语 书。
Nǐ yǒu jǐ běn Hànyǔ shū? Wǒ yǒu liǎng běn Hànyǔ shū.

5 你们 班 有 多少 (个) 学生? —我们 班 有 三十 个 学生。
Nǐmen bān yǒu duōshao (ge) xuésheng? Wǒmen bān yǒu sānshí ge xuésheng.

練習 3

❶ イラストを見ながら，適当な数詞と量詞で空欄を埋めましょう。

① 玛丽有（　　　）汉语书。
② 我们班有（　　　）留学生。
③ 我家有（　　　）小猫。
④ 我家有（　　　）人。
⑤ 这是（　　　）照片。
⑥ 那是（　　　）汉语词典。

① 
② 
③ 
④ 
⑤ 
⑥ 

❷ 次の問いに答えましょう。

① 你家有几口人?
② 你家有什么人?
③ 你们班有多少学生?
④ 那是谁的手机?

3 次の陳述文の下線部について，疑問詞を用いた疑問文で質問しましょう。

① 那是我们全家人的照片。

② 这是我弟弟。

③ 老师有汉语书。

④ 那是张华的电脑。

⑤ 美樱有一只小猫。

⑥ 我哥哥有两张美国地图。

4 次の文の誤りを正しましょう。

① 这是我手机。

② 我们学校有中国人的留学生。

③ 这是什么的词典?

④ 我有二个妹妹。

⑤ 他不有姐姐和哥哥。

●話してみよう●

♪ 25

▶ひとこと自己紹介 (3)

我家有七口人，	Wǒ jiā yǒu qī kǒu rén,
爸爸、妈妈、	bàba、māma、
哥哥、姐姐、	gēge、jiějie、
弟弟、妹妹和我。	dìdi、mèimei hé wǒ.

▶会話にチャレンジ！

你 家 有 几 口 人? Nǐ jiā yǒu jǐ kǒu rén?	我家有五口人。
你 家 有 什么 人? Nǐ jiā yǒu shénme rén?	有爸爸、妈妈、哥哥、姐姐和我。

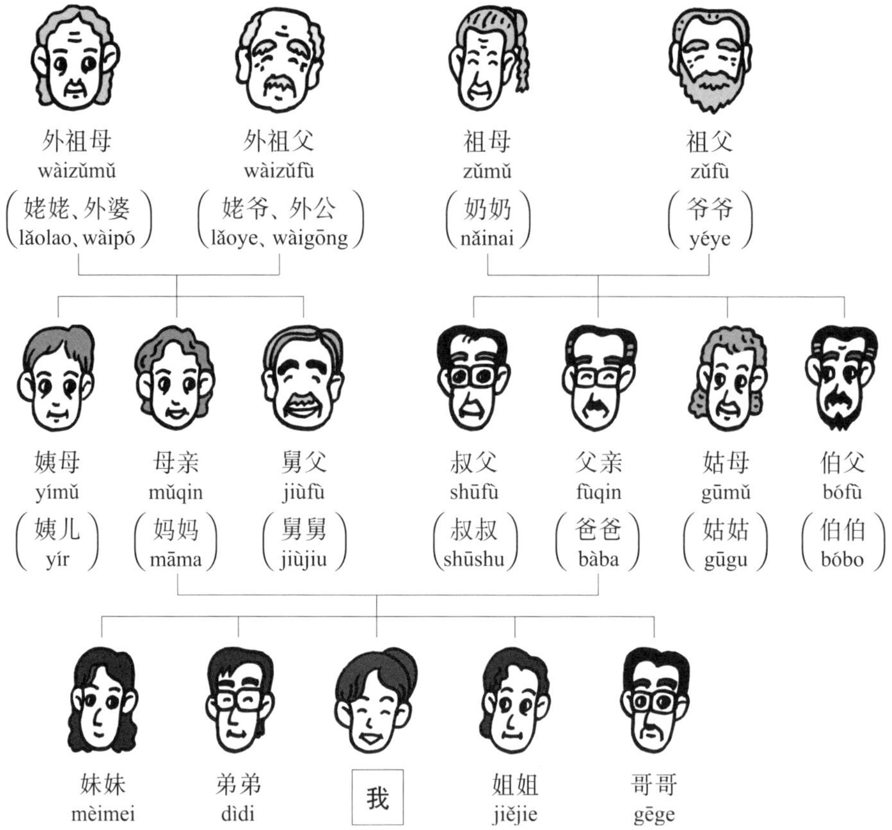

上の図は親族名称のただ一部に過ぎませんが，その複雑さがよく見てとれます。「オジサン」と「オバサン」を中国語に直すと，「伯父、叔父、姑父、舅父、姨父」と「伯母、叔母、姑母、舅母、姨母」となります。中国人と結婚している日本人はこの家族の呼び方で頭を悩ませるそうです。

中国の親族名称は，家庭を中心にして一族を「宗親」（父方）と「外親」（母方）に分け，これを土台にして親戚の親疎関係や長幼の順序がはっきり規定されています。例えば，母方のおじいさんとおばあさんに“外”が付いています。父の男性兄弟では，父より年上の方は“伯父”，年下の方は“叔父”となるのです。

中国では改革・開放後，2016 年まで，「一人っ子政策」を実施しており，この世代の多くは兄も姉も弟も妹もいないので，親族呼称が次第に簡素化されつつありました。ところが，2021 年に「3 人までの出産を容認する」という政策が打ち出されました。中国語の親族呼称はこれからまた複雑さを取り戻すのかもしれません。

你给男朋友寄礼物吧？
Nǐ gěi nánpéngyou jì lǐwù ba?

第4课
Dì sì kè

♪ 26

君はボーイフレンドにプレゼントを送るの？

✏ 新出単語

♪ 27

名詞

□ 邮局 yóujú 郵便局
□ 图书馆 túshūguǎn 図書館
□ 银行 yínháng 銀行
□ 信 xìn 手紙
□ 朋友 péngyou 友達，友人
□ 男朋友 nánpéngyou ボーイフレンド
□ 女朋友 nǚpéngyou ガールフレンド
□ 桌子 zhuōzi 机，テーブル
□ 椅子 yǐzi 椅子
□ 饭 fàn ごはん，食事
□ 包裹 bāoguǒ 小包
□ 礼物 lǐwù プレゼント，贈り物
□ 那儿 nàr そこ，あそこ
□ 大学 dàxué 大学

方位詞

□ 里 lǐ/li 中
□ 上面 shàngmiàn 上
□ 下面 xiàmiàn 下
□ 后面 hòumiàn うしろ
□ 旁边 pángbiān そば，傍ら

動詞

□ 去 qù 行く □ 来 lái 来る
□ 寄 jì （手紙等を）出す，送る
□ 猜 cāi 当てる，推測する
□ 工作 gōngzuò 働く，仕事をする
□ 回 huí 帰る，戻る
□ 吃 chī 食べる

形容詞

□ 对 duì 正しい，合っている

介詞 ⇒ 文法要点 ❷

その他

□ 哪儿 nǎr 疑代 どこ，どちら
□ 就 jiù 副 （場所について）すぐそこに
□ 封 fēng 量 （手紙など）封をした物を数える
□ 把 bǎ 量 柄や取っ手のついている物を数える
□ 吧 ba 助 文末に用い，推測・提案・勧誘などの語気を表す
□ 猜对 cāiduì 推測どおりである。"对"は動作の結果を表す補語

本文 4

美桜さんは郵便局に行こうとしています。大学の中に郵便局があるかどうか，マリーさんに聞いています。

♪ 28

美樱：学校 里 有 邮局 吗?
Xuéxiào li yǒu yóujú ma?

玛丽：有。就 在 图书馆 后面。
Yǒu. Jiù zài túshūguǎn hòumiàn.

美樱：我 去 邮局 寄 一 个 包裹。
Wǒ qù yóujú jì yí ge bāoguǒ.

玛丽：给 男朋友 寄 礼物 吧?
Gěi nánpéngyou jì lǐwù ba?

美樱：你 真 猜对 了！
Nǐ zhēn cāiduì le!

玛丽：他 在 哪儿 工作?
Tā zài nǎr gōngzuò?

美樱：他 在 银行 工作。
Tā zài yínháng gōngzuò.

♪ 29

❶ 存在を表す“有”“在”

主語	述語(動詞)	目的語	対応日本語文型
場所	有	人/もの	……に……がいる/ある
人/もの	在	場所	……は……にいる/ある

1 桌子 上面 有 什么?
Zhuōzi shàngmiàn yǒu shénme.

2 桌子 上面 有 一 本 词典。
Zhuōzi shàngmiàn yǒu yì běn cídiǎn.

3 邮局 在 哪儿?
Yóujú zài nǎr?

4 邮局 在 那儿。
Yóujú zài nàr.

5 学校 里 没 有 银行。
Xuéxiào li méi yǒu yínháng.

6 我 爸爸 不 在 家。
Wǒ bàba bú zài jiā.

❷ 介詞“在”“给”

主語	状況語(介詞+名詞)	述語
	“在”+場所 “给”+対象	動詞(句)

1 你 姐姐 在 哪儿 工作?
Nǐ jiějie zài nǎr gōngzuò?

2 她 在 邮局 工作。
Tā zài yóujú gōngzuò.

3 你 哥哥 给 谁 寄 礼物?
Nǐ gēge gěi shéi jì lǐwù?

4 我 哥哥 给 他 女朋友 寄 礼物。
Wǒ gēge gěi tā nǚpéngyou jì lǐwù.

❸ 連動文

主語	述語	
	V1(目)	V2(目)

1 我 去 邮局 寄 一 封 信。
Wǒ qù yóujú jì yì fēng xìn.

2 我们 去 图书馆 学习 汉语。
Wǒmen qù túshūguǎn xuéxí Hànyǔ.

3 他 来 日本 工作。
Tā lái Rìběn gōngzuò.

4 我 爸爸 回 家 吃 饭。
Wǒ bàba huí jiā chī fàn.

❹ 文末に置かれる語気助詞“吧”

1 这 是 你 男朋友 吧? —是。
Zhè shì nǐ nánpéngyou ba? Shì.

2 你 有 电子 词典 吧? —没有。
Nǐ yǒu diànzǐ cídiǎn ba? Méiyǒu.

3 我们 去 吃 饭 吧。
Wǒmen qù chī fàn ba.

練習 4

❶ イラストを見ながら，質問に答えましょう。

① 桌子上面有什么?

② 桌子下面有什么?

③ 桌子旁边有什么?

④ 电脑在哪儿?

⑤ 椅子在哪儿?

❷ “有” または “在” を用い，次の文の空欄を埋めましょう。

① 你家（　　　）哪儿?

② 那儿没（　　　）银行。

③ 图书馆里（　　　）很多书。

④ 我们都（　　　）手机。

⑤ 他女朋友不（　　　）中国。

❸ 与えられた語句を並べ替え，日本語の意味に合うように文を作りましょう。

① わたしは図書館に行って本を読みます。

a）我　b）图书馆　c）书　d）看　e）去

② 彼は妹に手紙を送ります。

a）妹妹　b）给　c）信　d）寄　e）他

③ わたしは銀行に行きません。

a）我　b）银行　c）去　d）不

④ わたしたちは学校で食事をします。

a）学校　b）吃　c）我们　d）在　e）饭

⑤ あなたはとても忙しいでしょう？

a）忙　b）你　c）很　d）吧

❹ 次の日本語を中国語に訳しましょう。

① お父さんはどこにお勤めですか。

② わたしたちは図書館で中国語を勉強します。

③ 母は家にいません。

④ 学校の中に郵便局はありません。

●話してみよう●

♪ 30

▶ひとこと自己紹介 (4)

我在____大学学习，　Wǒ zài ____ dàxué xuéxí,

我们学校在____，　wǒmen xuéxiào zài ____,

学校里有图书馆，　xuéxiào li yǒu túshūguǎn,

我去那儿看书。　wǒ qù nàr kàn shū.

▶会話にチャレンジ！

你 在 哪儿 学习?
Nǐ zài nǎr xuéxí?

在____大学学习。

你们 学校 在 哪儿?
Nǐmen xuéxiào zài nǎr?

在____。

你 去 哪儿 看 书?
Nǐ qù nǎr kàn shū?

去图书馆。

● 指で数字を数えてみよう！

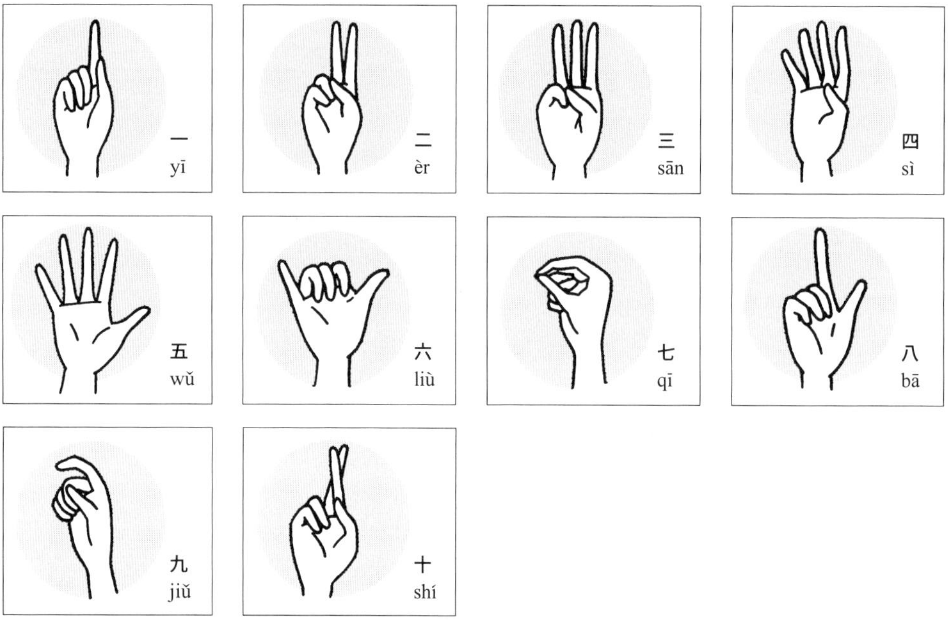

中国で，縁起のよい数字としていちばん歓迎されているのは8でしょう。“八”の発音は広東語など一部の方言では，fā で，“发财”（fācái＝金持ちになる）の“发”に通じるところから，めでたい数字として喜ばれるのです。8のつく電話番号や車のナンバープレート，なかでも8888というナンバーは驚くほどの高値で取り引きされています。2008年の北京オリンピックは，8月8日午後8時8分に開幕されました。

また，“六”も人気があります。これは酒席で拳（けん）を打って遊ぶときの掛け声“六六大顺”（liù liù dà shùn＝万事順調）に由来しています。“九”も「久しい」という意味の“久”に通じるところから喜ばれます。

日本では発音が“死”（sǐ）に通じるところから嫌われることの多い“四”（sì）ですが，中国語では声調が異なるせいか気にする人は少ないです。むしろ偶数であるところから（どちらかといえば奇数が好まれる日本と逆で，中国では偶数が好まれます），喜ぶ人のほうが多いといえます。

「あほう」「まぬけ」の意味ののののしり言葉に“二百五”（èrbǎiwǔ）というのがあります。これは旧時，銀貨500両を一包みにして“一封”と称したところから，250両はその半分“半封”で，“半疯儿”（bànfēngr＝半分狂った人）に通じるからだとされています。

星期天 你 做 什么?

Xīngqītiān nǐ zuò shénme?

第 5 课

Dì wǔ kè

♪ 31

日曜日は何をするの？

✎ 新出単語

♪ 32

名　詞

- □ 星期天 xīngqītiān 日曜日 "星期" は週，曜日
- □ 上午 shàngwǔ 午前
- □ 下午 xiàwǔ 午後
- □ 网球 wǎngqiú テニス
- □ 事 shì 事，事柄，用事
- □ 电影 diànyǐng 映画
- □ 电影院 diànyǐngyuàn 映画館
- □ 票 piào 切符，入場券
- □ 后门 hòumén 裏門
- □ 课 kè 授業

時間名詞 ⇒ 文法要点 ❶

動　詞

- □ 做 zuò する，行う
- □ 打 dǎ 打つ，（球技を）する
- □ 出去 chūqu 出ていく
- □ 买 mǎi 買う
- □ 起床 qǐchuáng 起きる，起床する
- □ 旅游 lǚyóu 観光旅行をする

副　詞

- □ 也 yě …も
- □ 一起 yìqǐ 一緒に

介　詞

- □ 离 lí …から；時間･空間の隔たりを示す
- □ 从 cóng …から；時間・場所の起点を示す
- □ 从…到… cóng…dào… …から…まで

その他

- □ 想 xiǎng 助動 …したい
- □ 咱们 zánmen 代 わたしたち；相手含めて一体感を込めていう
- □ 太…了 tài…le たいへん…だ
- □ 什么时候 shénme shíhou いつ

本文 5

張華さんは，美桜さんに日曜日にマリーさんと三人で映画を見に行こうと誘っています。

♪ 33

张华：美樱，星期天 你 做 什么？
Měiyīng, Xīngqītiān nǐ zuò shénme?

美樱：上午 去 打 网球，下午 没事。
Shàngwǔ qù dǎ wǎngqiú, xiàwǔ méishì.

张华：你 想 去 看 电影 吗？
Nǐ xiǎng qù kàn diànyǐng ma?

美樱：很 想 去。电影院 离 学校 远 吗？
Hěn xiǎng qù. Diànyǐngyuàn lí xuéxiào yuǎn ma?

张华：不 远。从 后门 出去 就 是。玛丽 也 想 去，
Bù yuǎn. Cóng hòumén chūqu jiù shì. Mǎlì yě xiǎng qù,

我 买 三 张 票，咱们 一起 去 吧。
wǒ mǎi sān zhāng piào, zánmen yìqǐ qù ba.

美樱：太 好 了！
Tài hǎo le!

● 文法要点＆例文

♪ 34

❶ 時点を表す時間名詞とその使い方

1） 時点を表す時間名詞

分類	時点を表す時間名詞	問い	
時刻	两点 diǎn、两点零 líng 二分 fēn、两点一刻 kè、两点半 bàn、两点三十五分、两点三刻、差 chà 五分三点	几 jǐ 点	什么时候
時刻	早上 zǎoshang、上午 shàngwǔ、中午 zhōngwǔ、下午 xiàwǔ、晚上 wǎnshang	什么时候	什么时候
曜日	星期 xīngqī 一、星期二、…… 星期六、星期天 tiān/日 rì	星期几	什么时候

2） 時点を表す時間名詞の使い方

主語	時点詞	述語 動詞（句）
時点詞	主語	

1 你 早上 几 点 起床？ — 五 点。
Nǐ zǎoshang jǐ diǎn qǐchuáng? Wǔ diǎn.

2 你 星期 几 有 汉语 课？ — 星期四。
Nǐ xīngqī jǐ yǒu Hànyǔ kè? Xīngqīsì.

3 我 晚上 去 看 电影。
Wǒ wǎnshang qù kàn diànyǐng.

4 星期天 我 去 买 票。
Xīngqītiān wǒ qù mǎi piào.

❷ 助動詞“想”

主語	状況語 助動詞“想”	述語 動詞（句）

1 星期六 我 想 去 打 网球。
Xīngqīliù wǒ xiǎng qù dǎ wǎngqiú.

2 他 想 给 朋友 买 礼物。
Tā xiǎng gěi péngyou mǎi lǐwù.

3 她 不 想 在 邮局 工作。
Tā bù xiǎng zài yóujú gōngzuò.

4 你 想 不 想 去 旅游？ — 想 去。/ 不 想 去。
Nǐ xiǎng bu xiǎng qù lǚyóu? Xiǎng qù. / Bù xiǎng qù.

❸ 介詞“离”“从”

主語	状況語（介詞＋名詞）	述語
場所	“离” ＋ 場所	距離について
動作者	“从” ＋ 動作の起点	動詞（句）

1 我 家 离 学校 很 远。
Wǒ jiā lí xuéxiào hěn yuǎn.

2 邮局 离 银行 不 远。
Yóujú lí yínháng bù yuǎn.

♪35 3 我　晚上　从 学校 去　电影院。
Wǒ wǎnshang cóng xuéxiào qù diànyǐngyuàn.

4 我们　从　星期一 到　星期五　都　有　课。
Wǒmen cóng xīngqīyī dào xīngqīwǔ dōu yǒu kè.

❹ 副詞"也"

主語	状況語 副詞"也"	述語 動詞（句）

1 他们 学习 汉语，我们 也 学习 汉语。
Tāmen xuéxí Hànyǔ, wǒmen yě xuéxí Hànyǔ.

2 我们　学习 英语，（我们）也 学习　汉语。
Wǒmen xuéxí Yīngyǔ, (wǒmen) yě xuéxí Hànyǔ.

3 美樱　想 去 看　电影，玛丽 也　想　去。
Měiyīng xiǎng qù kàn diànyǐng, Mǎlì yě xiǎng qù.

4 她 想　去　中国　旅游，也　想 去 法国　旅游。
Tā xiǎng qù Zhōngguó lǚyóu, yě xiǎng qù Fǎguó lǚyóu.

練習 5

❶ イラストを見ながら，次の文の下線部を言い換えましょう。

我想学习汉语。

①

②

③

④

⑤

❷ 次の問いに答えましょう。

① 你星期几有汉语课？

② 你早上几点起床？

③ 星期天你做什么？

④ 你想什么时候回家？

3 与えられた介詞を用い，各文の空欄を埋めましょう。

在	给	离	从	到

① 我家（　　）学校不太远。 ②（　　）日本（　　）英国很远。

③ 我（　　）朋友寄两本书。 ④ 我们（　　）图书馆学习。

4 与えられた語句を並べ替え，日本語の意味に合うように文を作りましょう。

① わたしは食事をしたくありません。

a）我　b）想　c）饭　d）不　e）吃

② わたしたちもみな中国に行きたいです。

a）中国　b）也　c）我们　d）去　e）都　f）想

③ わたしは英語も勉強します。

a）英语　b）也　c）我　d）学习

④ 一緒に食事に行きましょう。

a）咱们　b）吃饭　c）去　d）吧　e）一起

第5課

●話してみよう●

♪36

▶ひとこと自己紹介（5）

我家离学校不远，　Wǒ jiā lí xuéxiào bù yuǎn,

我星期一到星期五　wǒ xīngqīyī dào xīngqīwǔ

都有课。　dōu yǒu kè.

星期__有汉语课。　Xīngqī__ yǒu Hànyǔ kè.

▶会話にチャレンジ！

你 家 离 学校 远 吗?　不远。
Nǐ jiā lí xuéxiào yuǎn ma?

你 星期 几 有 课?　星期一到星期五都有课。
Nǐ xīngqī jǐ yǒu kè?

你 星期 几 有 汉语 课?　星期__。
Nǐ xīngqī jǐ yǒu Hànyǔ kè?

● 逆さまになった「福」の字　「倒福」=「到福」

上の図，中国ではよく見かけますし，日本でも中華料理店などでしばしば目にします。「福」の字が逆さまですね。これはつまり，“倒福 dào fú” の “倒” の字が「来る，訪れる」という意味の “到” に音が通じるところから，縁起がよいとして中国では喜ばれるのです。

また，日本ではどちらかと言えば嫌われ者のコウモリですが，コウモリのことを中国語で “蝙蝠 biānfú” といい，中国では縁起のよい動物であるとされています。理由はもうお分かりのように，“蝙蝠” の “蝠” の音が “福” に通じるからです。

縁起を担いで春節やその他の祝祭日の食卓を飾る食品の中にも，めでたい言葉と音が通じることを利用したものが多くあります。

鱼　yú　魚
　⇒ 年年有余　niánnián yǒuyú　　毎年余裕がある
　⇒ 富富有余　fùfù yǒuyú　　何一つ不自由がない

年糕　niángāo　正月のもち
　⇒ 年年高　niánnián gāo　　年々向上する

柿子　shìzi　柿
　⇒ 万事如意　wànshì rúyì　　万事めでたしめでたし

苹果　píngguǒ　リンゴ
　⇒ 平平安安　píngpíng'ān'ān　　平穏無事である

你会跳舞吗?
Nǐ huì tiàowǔ ma?

♪ 37

第6课
Dì liù kè

ダンスが出来ますか？

新出単語

♪ 38

名　詞
- □ 周末 zhōumò　週末
- □ 舞会 wǔhuì　ダンスパーティー，舞踏会
- □ 微信 Wēixìn WeChat　（中国版の Line）
- □ 酒 jiǔ　酒
- □ 白酒 báijiǔ　（コーリャンなどを原料にした）蒸留酒；焼酎。一般に度数が高い。
- □ 烟 yān　① 煙　② タバコ
- □ 生词 shēngcí　新出単語
- □ 问题 wèntí　問題，質問

動　詞
- □ 参加 cānjiā　参加する
- □ 跳舞 tiàowǔ　踊る，ダンスをする
- □ 教 jiāo　教える
- □ 发 fā　発する，送る
- □ 问 wèn　問う，尋ねる
- □ 说 shuō　言う，話す
- □ 游泳 yóuyǒng　泳ぐ
- □ 游 yóu　泳ぐ
- □ 喝 hē　飲む
- □ 抽 chōu　（タバコを）吸う
- □ 给 gěi　与える，あげる
- □ 打球 dǎqiú　球技をする
- □ 唱歌 chàng gē　歌を歌う
- □ 查 chá　調べる

形容詞
- □ 愉快 yúkuài　楽しい，愉快だ

助動詞
- □ 会 huì　できる；学習・訓練によって習得している
- □ 能 néng　できる；必要な条件が備わっている
- □ 可以 kěyǐ　差し支えない，許されている

その他
- □ 当然 dāngrán 副　もちろん，言うまでもなく，当然
- □ 可是 kěshì 接　だが，しかし；逆接を示す
- □ 米 mǐ 量　メートル
- □ 用 yòng 介　（…を）用いて
- □ 一点儿 yìdiǎnr 数量　少し

本文 6

マリーさんは，美桜さんを学生たちのダンスパーティーに一緒に参加しないかと誘っています。

♪ 39

玛丽：美樱，你 想 参加 中国 学生 的 周末 舞会 吗?
Měiyīng, nǐ xiǎng cānjiā Zhōngguó xuésheng de zhōumò wǔhuì ma?

美樱：我 不 会 跳舞。可以 去 看看 吗?
Wǒ bú huì tiàowǔ. Kěyǐ qù kànkan ma?

玛丽：当然 可以。我 和 张 华 教 你 跳。
Dāngrán kěyǐ. Wǒ hē Zhāng Huá jiāo nǐ tiào.

美樱：张 华 能 参加 吗?
Zhāng Huá néng cānjiā ma?

玛丽：我 给 他 发 一 个 微信 问问。
Wǒ gěi tā fā yí ge Wēixìn wènwen.

♪ 40

❶ 助動詞"会""能""可以"

主語	状況語（助動詞） "会""能""可以"	述語 動詞（句）

1 美樱 会 说 汉语，不 会 说 法语。
Měiyīng huì shuō Hànyǔ, bú huì shuō Fǎyǔ.

2 我 会 游泳，能 游 五百 米。
Wǒ huì yóuyǒng, néng yóu wǔbǎi mǐ.

3 我 会 喝 酒，可是 不 能 喝 白酒。
Wǒ huì hē jiǔ, kěshì bù néng hē báijiǔ.

4 我 能 参加 周末 舞会，不 能 去 看 电影。
Wǒ néng cānjiā zhōumò wǔhuì, bù néng qù kàn diànyǐng.

5 老师，我们 可以 用 手机 查 生词 吗？ —可以。
Lǎoshī, wǒmen kěyǐ yòng shǒujī chá shēngcí ma? Kěyǐ.

6 学校 里 可以 抽 烟 吗？ —不 可以。
Xuéxiào li kěyǐ chōu yān ma? Bù kěyǐ.

❷ 二重目的語構文

主語	述語（動詞）	目的語 1	目的語 2

1 张 老师 教 我们 汉语。
Zhāng lǎoshī jiāo wǒmen Hànyǔ.

2 我 妈妈 教 我 爸爸 跳舞。
Wǒ māma jiāo wǒ bàba tiàowǔ.

3 我 给 弟弟 一 本 书。
Wǒ gěi dìdi yì běn shū.

4 妹妹 给 我 一 张 票。
Mèimei gěi wǒ yì zhāng piào.

5 学生 问 老师 一 个 问题。
Xuésheng wèn lǎoshī yí ge wèntí.

❸ 動詞の重ね型

1 请 给 我 看看。
Qǐng gěi wǒ kànkan.

2 你 去 问问 老师 吧。
Nǐ qù wènwen lǎoshī ba.

3 星期天 我 看看 书、跳跳 舞、打打 球，很 愉快。
Xīngqītiān wǒ kànkan shū、tiàotiao wǔ、dǎda qiú, hěn yúkuài.

練習 6

1 イラストを見ながら，次の文の下線部を言い換えましょう。

他会说汉语，不会说法语。

①

②

③

④

⑤

⑥

2 助動詞“会、能、可以”を用いて，次の文の空欄を埋めましょう。

① 他（　　　）说汉语。

② 我有事，不（　　　）去。

③ 我也（　　　）游五百米。

④ 学校里不（　　　）吸烟。

⑤ 老师，我们（　　　）喝酒吗?

3 下線部の動詞を重ね型に言い換えてから日本語に訳しましょう。

① 你去问张华吧。

② 我们去看电影吧。

③ 星期天我想去打球。

④ 每天晚上唱歌、跳舞，很愉快。

4 与えられた語句を並べ替え，日本語の意味に合うように文を作りましょう。

① わたしは張華さんに日本語を教えます。

a）我　b）张华　c）日语　d）教

② わたしのクラスメートはわたしにダンスを教えます。

a）我　b）教　c）同学　d）跳舞　e）我的

③ 姉はわたしに辞書を 1 冊くれます。

a）姐姐　b）一本　c）词典　d）我　e）给

④ わたしは友達に WeChat を送ります。

a）我　b）给　c）发　d）朋友　e）微信

●話してみよう●

♪ 41

▶ひとこと自己紹介 (6)

______老师教我们汉语。	______ lǎoshī jiāo wǒmen Hànyǔ.
我会说一点儿汉语，	Wǒ huì shuō yìdiǎnr Hànyǔ,
能用汉语说：	néng yòng Hànyǔ shuō:
“老师，您好！”	“Lǎoshī, nín hǎo!”

▶会話にチャレンジ！

谁 教 你们 汉语? Shéi jiāo nǐmen Hànyǔ?	____老师教我们汉语。
你 会 说 汉语 吗? Nǐ huì shuō Hànyǔ ma?	会说一点儿。
你 能 用 汉语 说 什么? Nǐ néng yòng Hànyǔ shuō shénme?	能说“老师, 您好！”

● 中国の十二支

1

2

3

4

5

6

7

8

9
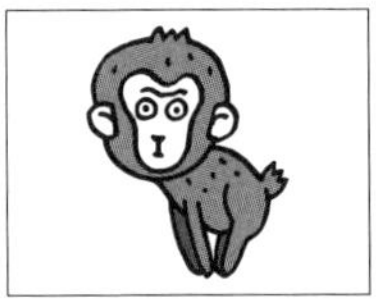
10

11

12

1. 鼠 shǔ	2. 牛 niú	3. 虎 hǔ	4. 兔 tù
5. 龙 lóng	6. 蛇 shé	7. 马 mǎ	8. 羊 yáng
9. 猴 hóu	10. 鸡 jī	11. 狗 gǒu	12. 猪 zhū

十二支とは…

子（ね）（zǐ）	丑（うし）（chǒu）	寅（とら）（yín）	卯（うさぎ）（mǎo）
辰（たつ）（chén）	巳（み）（sì）	午（うま）（wǔ）	未（ひつじ）（wèi）
申（さる）（shēn）	酉（にわとり）（yǒu）	戌（いぬ）（xū）	亥（ぶた）（hài）

上の12種の動物の名で，旧時，時刻や方角を示すのに使いました。また十干（じっかん）（甲・乙・丙・丁・戊・己・庚・辛・壬・癸）と組み合わせて，年や日を示すのにも使いました。

十二支は，もともとは動物と無関係でしたが，のちに中国で覚えやすいように動物名が当てはめられたのでした。

なお，中国語の12番目の“猪”はブタの意味です。「猪」は日本語ではイノシシですから，配される動物名が両国で異なることになります。また，5番目の「辰」は，想像上の動物「竜」で，中国では最も縁起がよいとされています。相手の干支（えと）を知りたいときは，“你属 shǔ 什么？”と聞きます。聞かれた場合は，“我属龙”のように答えます。

你们 在 做 什么 呢?

Nǐmen zài zuò shénme ne?

第7课
Dì qī kè

♪ 42

ふたりは何をしているの？

新出単語

♪ 43

名　詞

- □ 电视 diànshì　テレビ
- □ 画儿 huàr　絵
- □ 墙上 qiángshang　壁（に）
- □ 画展 huàzhǎn　絵画展
- □ 衣服 yīfu　服，着物
- □ 眼镜 yǎnjìng　眼鏡

動　詞

- □ 请 qǐng　どうぞ（…してください）
- □ 进 jìn　入る
- □ 画 huà　（絵を）描く
- □ 挂 guà　掛ける
- □ 办 bàn　行う，催す，処理する
- □ 上课 shàngkè　授業に出る
- □ 放 fàng　置く
- □ 穿 chuān　着る，はく
- □ 戴 dài　（帽子を）かぶる，（めがね・腕時計などを）着用する
- □ 借 jiè　借りる

形容詞

- □ 红 hóng　赤い
- □ 快 kuài　早く，急いで

副　詞

- □ 在 zài　…している

量　詞

- □ 件 jiàn　着る服を数える
- □ 副 fù　（めがね・手袋など）対・セットになった物を数える

その他

- □ 俩 liǎ 数　2つ，2人＝"两个"（liǎng ge）
- □ 着 zhe 助　動作の結果存続を表す
- □ 呢 ne 助　文末に用い，疑問・確認・進行などの語気を表す
- □ 这些 zhèxiē 代　これら。"些"は複数を示す
- □ 那些 nàxiē　あれら，それら
- □ 怎么 zěnme 疑代　①なぜ　②どのように（ここでは①）

本文 7

張華さんが美桜さんとマリーさんの部屋を訪ねてきました。美桜さんは何をしているのでしょうか。

♪ 44

张华：有 人 吗？
Yǒu rén ma?

玛丽、美樱：是 张 华，快 请 进。
Shì Zhāng Huá, kuài qǐng jìn.

张华：你们 俩 在 做 什么 呢？
Nǐmen liǎ zài zuò shénme ne?

玛丽：我 在 看 电视，美樱 在 画 画儿。
Wǒ zài kàn diànshì, Měiyīng zài huà huàr.

张华：美樱，给 我 看看 你 画 的 画儿。
Měiyīng, gěi wǒ kànkan nǐ huà de huàr.

美樱：都 在 墙上 挂着 呢。
Dōu zài qiángshang guàzhe ne.

张华：这些 都 是 你 画 的？ 你 怎么 不 办 画展 呢？
Zhèxiē dōu shì nǐ huà de? Nǐ zěnme bú bàn huàzhǎn ne?

♪45

❶ 副詞"在"

主語	状況語 副詞"在"	述語 動詞(句)

1 你们 在 做 什么?
Nǐmen zài zuò shénme?

2 我们 在 上课。
Wǒmen zài shàngkè.

3 他们 在 跳舞 呢。
Tāmen zài tiàowǔ ne.

4 他 在 给 朋友 发 微信。
Tā zài gěi péngyou fā Wēixìn.

❷ 動態助詞"着"

主語	述語(動詞+"着")	目的語

1 墙上 挂着 很 多 画儿。
Qiángshang guàzhe hěn duō huàr.

2 桌子 上 放着 两 本 书。
Zhuōzi shang fàngzhe liǎng běn shū.

3 她 穿着 一 件 红 衣服。
Tā chuānzhe yí jiàn hóng yīfu.

4 我们 老师 戴着 一 副 眼镜。
Wǒmen lǎoshī dàizhe yí fù yǎnjìng.

❸ "的"を用いる名詞句

1 这 张 地图 是 谁 的?
Zhè zhāng dìtú shì shéi de?

2 这 张 地图 是 张 华 的。
Zhè zhāng dìtú shì Zhāng Huá de.

3 那 本 书 是 借 的。
Nà běn shū shì jiè de.

4 大 的 是 电脑,小 的 是 电子 词典。
Dà de shì diànnǎo, xiǎo de shì diànzǐ cídiǎn.

❹ 文末に置かれる語気助詞"呢"

1 她们 (在) 打 网球 呢。
Tāmen (zài) dǎ wǎngqiú ne.

2 你 的 手机 在 桌子 上 放着 呢。
Nǐ de shǒujī zài zhuōzi shang fàngzhe ne.

3 你 怎么 不 去 呢?
Nǐ zěnme bú qù ne?

4 我 下午 去 游泳,你 呢?
Wǒ xiàwǔ qù yóuyǒng, nǐ ne?

練習 7

❶ イラストを見ながら，次の問いに答えましょう。

他 / 她在做什么呢？

①

②

③

④

⑤

⑥

⑦

⑧

⑨

⑩

❷ 与えられた語句を並べ替え，日本語の意味に合うように文を作りましょう。

① 壁に家族の写真が掛かっています。

a）挂　b）全家　c）的　d）着　e）照片　f）墙上

② 机の上に辞書が２冊置いてあります。

a）两　b）桌子上　c）本　d）词典　e）着　f）放

③ 美桜さんの服は赤い色です。

a）美樱　b）衣服　c）的　d）是　e）的　f）红

④ ２人ともめがねを掛けています。

a）他们　b）戴　c）着　d）眼镜　e）都　f）俩

❸ 次の文を日本語に訳し，“呢”の使い方について説明しましょう。

① 她在那儿打网球呢。

② 明天你去哪儿呢？

③ 美樱的画儿在墙上挂着呢。

④ 我能喝白酒，你呢？

❹ 次の問いに答えましょう。

① 你的桌子上放着什么？

② 你在做什么？

③ 这本书是谁的？

④ 我明天能参加舞会，你呢？

●話してみよう●

♪46

▶美桜の留学生活紹介（1）

美樱在画画儿，	Měiyīng zài huà huàr,
她的房间里	tā de fángjiān li
挂着很多画儿。	guàzhe hěn duō huàr.

▶会話にチャレンジ！

美樱 在 做 什么?
Měiyīng zài zuò shénme?

她在画画儿。

美樱 的 房间 挂着 什么?
Měiyīng de fángjiān guàzhe shénme?

挂着很多画儿。

● 日中同形異義語の例

日本語	中国語／意味		
愛人	爱人	àiren	夫または妻
丈夫	丈夫	zhàngfu	夫
老婆	老婆	lǎopo	奥さん
妻子	妻子	qīzi	妻
親友	亲友	qīnyǒu	親戚と友人
外人	外人	wàirén	他人，外部の人
学長	学长	xuézhǎng	同窓の先輩，学兄
校長	校长	xiàozhǎng	校長，学長，総長
高校	高校	gāoxiào	高等教育機関
勉強	勉强	miǎnqiǎng	無理をする
新聞	新闻	xīnwén	ニュース
改行	改行	gǎiháng	職業・商売を変える，転職する
看病	看病	kànbìng	診察する，診察をうける
手紙	手纸	shǒuzhǐ	トイレットペーパー
猪	猪	zhū	ぶた
靴	靴（子）	xuē (zi)	長靴，ブーツ

「漢字を使っているから学びやすい」と思って中国語を選んだという人もいるでしょう。確かに日本語も中国語も漢字を使ってはいますが，日本の常用漢字と中国の簡体字では大きく異なっています。もっとも，これは繁体字に戻せば同じ字形になるのですから，まあ「同じ」であるとみられなくもないでしょう。ただやっかいなのは，上の表に挙げたように，たとえ字は「同じ」であっても，意味が大きくずれていたり，まったく異なっていたりするものがあることです。

また，日本語と中国語では，発音が異なることは言うまでもありません。漢字を共有していることは，中国語を学習するうえで有利な条件であるにはちがいありませんが，甘くみていると，思わぬ「落とし穴」にはまってしまうことがありますので，注意しましょう。

你 吃过 北京 烤鸭 吗?

Nǐ chīguo Běijīng kǎoyā ma?

第8课
Dì bā kè

♪ 47

北京ダックを食べたことがありますか？

✏ 新出単語

♪ 48

名詞

- □ 北京烤鸭 Běijīng kǎoyā　北京ダック
- □ 全聚德烤鸭店 Quánjùdé kǎoyādiàn　老舗の北京ダック店の名
- □ 公交车 gōngjiāochē　バス
- □ 地铁 dìtiě　地下鉄
- □ 钱 qián　お金
- □ 长城 Chángchéng　万里の長城
- □ 大巴 dàbā　大型バス
- □ 电车 diànchē　電車
- □ 自行车 zìxíngchē　自転車
- □ 今天 jīntiān　今日
- □ 左右 zuǒyòu　概数を表す
- □ 作业 zuòyè　宿題
- □ 时间 shíjiān　時間
- □ 茶 chá　お茶

動詞

- □ 坐 zuò　座る，（乗り物に）乗る
- □ 换 huàn　交換する，乗り換える
- □ 养 yǎng　養う，育てる
- □ 骑 qí　またがる，（またがって）乗る

形容詞

- □ 好吃 hǎochī　（食物）おいしい

その他

- □ 过 guo 助　過去における経験を表す
- □ 大家 dàjiā 代　みんな，みなさん
- □ 大约 dàyuē 副　およそ，だいたい
- □ 先…，再… xiān…, zài…,　まず（…して），そのうえで（…する）
- □ 还 hái 副　まだ
- □ 每 měi 疑代　毎…，それぞれの

本文 8

マリーさんは美桜さんを誘って，金曜日の夜に全聚徳に北京ダックを食べに行くことにしました。

♪ 49

玛丽：美樱，你 吃过 北京 烤鸭 吗？
Měiyīng, nǐ chīguo Běijīng kǎoyā ma?

美樱：没 吃过。大家 都 说 很 好吃。
Méi chīguo. Dàjiā dōu shuō hěn hǎochī.

玛丽：星期五 晚上 我们 去 全聚德 烤鸭店，好 吗？
Xīngqīwǔ wǎnshang wǒmen qù Quánjùdé kǎoyādiàn, hǎo ma?

美樱：好。我们 怎么 去？
Hǎo. Wǒmen zěnme qù?

玛丽：先 坐 公交车，再 换 地铁。
Xiān zuò gōngjiāochē, zài huàn dìtiě.

美樱：烤鸭 多少 钱 一 只？
Kǎoyā duōshao qián yì zhī?

玛丽：大约 三百 块 左右。
Dàyuē sānbǎi kuài zuǒyòu.

● 文法要点&例文

♪ 50

❶ 動態助詞“过”

主語	述語（動詞＋“过”） 「否定」没V过	目的語

1 我　看过　中国　电影。
Wǒ kànguo Zhōngguó diànyǐng.

2 我 没 养过 猫。
Wǒ méi yǎngguo māo.

3 她 还 没 去过 中国。
Tā hái méi qùguo Zhōngguó.

4 你 吃过 北京 烤鸭 没有?
Nǐ chīguo Běijīng kǎoyā méiyou?

❷ 疑問詞“怎么”

主語	状況語 “怎么”	述語 動詞（句）

① 方式・手段「どうやって／どのようにして」

1 我们 怎么 去 长城? —我们 坐 大巴 去 长城。
Wǒmen zěnme qù Chángchéng? Wǒmen zuò dàbā qù Chángchéng.

2 你 每 天 怎么 来 学校? —我 骑 自行车 来 学校。
Nǐ měi tiān zěnme lái xuéxiào? Wǒ qí zìxíngchē lái xuéxiào.

② 原因・理由「なぜ／どうして」

3 你 怎么 没 做 作业? —我 没有 时间。
Nǐ zěnme méi zuò zuòyè? Wǒ méiyǒu shíjiān.

4 你 怎么 不 喝 酒? —我 不 会 喝 酒。
Nǐ zěnme bù hē jiǔ? Wǒ bú huì hē jiǔ.

第8課

❸ “先…，再…”

1 今天 下午 我 先 去 银行，再 去 邮局。
Jīntiān xiàwǔ wǒ xiān qù yínháng, zài qù yóujú.

2 我 先 坐 公交车，再 换 地铁。
Wǒ xiān zuò gōngjiāochē, zài huàn dìtiě.

❹ “人民币”(rénmínbì—人民幣) の単位

通貨の単位は“元”(yuán)、“角”(jiǎo)、“分”(fēn) の３種。“元”は日本の「円」に相当する単位。話しことばではしばしば“元”を“块”(kuài)，“角”を“毛”(máo) と称し，最後にくる“分”を省略する。

二 元 五 角 八 分
èr yuán wǔ jiǎo bā fēn

两 块 五 毛 八
liǎng kuài wǔ máo bā
（左の口語的な言い方）

♪ 51

十二 元 零 五 分
Shí'èr yuán líng wǔ fēn

十二 块 零 五 分
Shí'èr kuài líng wǔ fēn
（左の口語的な言い方）

＊今日では日常生活で “分” が使われることはあまりありません。

練習 8

1 イラストを見ながら，次の問いに答えましょう。

你怎么来学校？

①　②　③　④

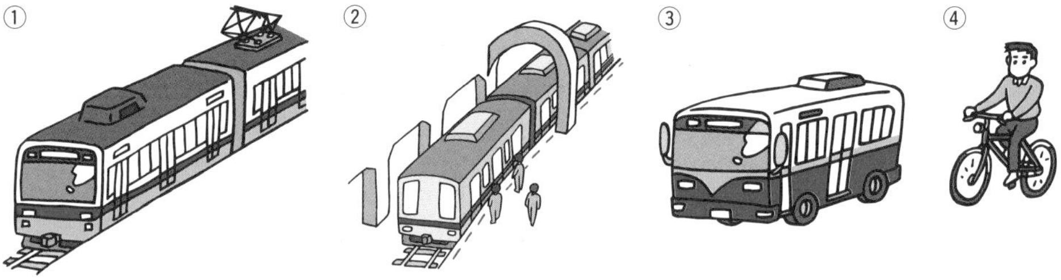

2 次の問いに肯定文と否定文で答えましょう。

① 你去过中国吗？

② 他在画画儿吗？

③ 你今天能打网球吗？

④ 你想吃北京烤鸭吗？

3 次の文の下線部を言い換えましょう。

我先<u>坐公交车</u>，再<u>坐电车</u>。

① 吃饭　　学习

② 去学校　　去看画展

③ 吃饭　　喝茶

④ 坐电车　　换地铁

4 与えられた語句を並べ替え，日本語の意味に合うように文を作りましょう。

① あなたはどうしてお酒を飲まないのですか？

a）你　b）喝　c）不　d）酒　e）怎么

② わたしはまだ中国に行ったことがありません。

a）我　b）中国　c）去　d）没　e）过　f）还

③ あなたたちはどのように中国語を勉強しますか。

a）你们　b）学习　c）汉语　d）怎么

④ わたしたちは大型バスで万里の長城に行きます。

a）我们　b）长城　c）大巴　d）坐　e）去

●話してみよう●

♪ 52

▶美桜の留学生活紹介（2）

美樱没吃过北京烤鸭，　Měiyīng méi chīguo Běijīng kǎoyā,

星期五晚上她和玛丽　xīngqīwǔ wǎnshang tā hé Mǎlì

去全聚德吃北京烤鸭。　qù Quánjùdé chī Běijīng kǎoyā.

▶会話にチャレンジ！

美樱 吃过 北京 烤鸭 吗?
Měiyīng chīguo běijīng kǎoyā ma?

还没吃过。

她 和 玛丽 什么 时候 去 吃 北京 烤鸭?
Tā hé Mǎlì shénme shíhou qù chī Běijīng kǎoyā?

星期五晚上。

中国のことばと文化 ⑧ 調理方法の色々

日本人が中国旅行中にチャーハンを食べたくなって，「焼飯」と紙に書いて見せたが通じなかったという話を聞いたことがあります。“烧”（shāo）は調理法としては「煮る，煮込む」という意味ですから，“烧饭”（shāo fàn）では「飯を炊く」という意味にしかなりません。いきなり紙切れに「飯を炊け」と書いて突き付けられた訳ですから，店員さんはさぞ驚いたことでしょう。

中国語は料理の調理法に大変うるさい言語です。そのいくつかを拾ってみましょう。

“炒”（chǎo）： 素材をかき混ぜながら油で炒める。上のチャーハンはこの“炒”を使って“炒饭”（chǎofàn）と言わなければ通じません。

“煎”（jiān）： 油を薄く引いて焼く。“煎饼”（jiānbing） 中国風のクレープ。

“蒸”（zhēng）： 蒸す，ふかす。“馒头”（mántou＝蒸しパン）や“包子”（bāozi＝中華まんじゅう）の調理法が“蒸”です。

“煮”（zhǔ）： 煮る，炊く，ゆでる。“煮饺子”（zhǔ jiǎozi） ギョーザをゆでる。中国のギョーザは日本の焼きギョーザとは違って，もっぱらゆでて食べます。“煮鸡蛋”（zhǔ jīdàn） たまごをゆでる，またはゆでたまごの意味です。

“熬”（áo）： とろ火で長時間かけて煮る，煮詰める。“熬粥”（áo zhōu＝かゆを煮る）。

“炖”（dùn）： （塊状の肉類などを）長時間かけてぐつぐつ煮る。

“炸”（zhá）： 油で揚げる。てんぷらにする。“炸猪排”（zhá zhūpái＝とんかつ），“炸土豆片”（zhá tǔdòupiàn＝ポテトチップス）。

このように，調理にまつわる語はまだまだあるのですが，おしまいにもうひとつだけ。

“烩”（huì）： さまざまな食材を混ぜて炊きこむ。“大杂烩”（dàzáhuì）は同上の料理。

▲ 炒饭。まさに，かき混ぜながら油で炒めています。

大家 都 来 了 吗?

Dàjiā dōu lái le ma?

♪ 53

第9课
Dì jiǔ kè

みなさん全員来ましたか？

新出単語

♪ 54

名詞

☐ 生日 shēngrì 誕生日

☐ 蛋糕 dàngāo ケーキ

☐ 暑假 shǔjià 夏休み

☐ 水果 shuǐguǒ 果物，フルーツ

☐ 卡拉 OK kălā OK カラオケ

☐ 京剧 jīngjù 京劇

☐ 毛衣 máoyī セーター

☐ 刚才 gāngcái ついさきほど，たった今

動詞

☐ 下课 xiàkè 授業が終わる

☐ 祝 zhù （…であることを）祈る

☐ 上网 shàngwǎng インターネットに接続する

☐ 过 guò 過ごす

☐ 打工 dǎgōng アルバイトをする

形容詞

☐ 快乐 kuàilè 楽しい，愉快だ

副詞

☐ 就 jiù …したらすぐ

☐ 只 zhǐ ただ…だけ

量詞

☐ 节 jié 連続しているものを区切って数える場合に用いる

☐ 部 bù 携帯電話などを数える場合に用いる

その他

☐ 不好意思 bù hǎoyìsi 決まりが悪い

☐ 了 le 助 1. 動詞の後に置かれ，完了を示す。2. 文末に置かれ，動作の実現を示す。“了”(1)

本文 9

張華さんとマリーさんが美桜さんのために誕生日パーティーを開きました。学校の友達も多く参加しました。

♪ 55

玛丽：大家 都 来 了 吗?
Dàjiā dōu lái le ma?

张华：小 王 还 没 来。
Xiǎo Wáng hái méi lái.

玛丽：小 王 什么 时候 来?
Xiǎo Wáng shénme shíhou lái?

张华：小 王 下了 课 就 来。
Xiǎo Wáng xiàle kè jiù lái.

玛丽：美樱，大家 给 你 买了 一 个 生日 蛋糕。
Méiyīng, dàjiā gěi nǐ mǎile yí ge shēngrì dàngāo.

美樱：我 太 不 好意思 了。
Wǒ tài bù hǎoyìsi le.

张华、玛丽等：祝 你 生日 快乐！
Zhù nǐ shēngrì kuàilè!

美樱：谢谢 大家！
Xièxie dàjiā!

♪ 56

❶ 文末に置かれる語気助詞 "了" (1)

1 暑假 你 做 什么 了？ —我 去 中国 留学 了。
Shǔjià nǐ zuò shénme le? Wǒ qù Zhōngguó liúxué le.

2 你 买 水果 了 吗？ —我 没 买 水果。
Nǐ mǎi shuǐguǒ le ma? Wǒ méi mǎi shuǐguǒ.

3 你 做 作业 了 吗？ —还 没 做 呢。
Nǐ zuò zuòyè le ma? Hái méi zuò ne.

4 你 吃 饭 了 没有？ —没有。
Nǐ chī fàn le méiyou? Méiyou.

❷ 動態助詞 "了"

主語	述語（動詞＋"了"）	目的語

1 我 昨天 买了 一 件 红 衣服。
Wǒ zuótiān mǎile yí jiàn hóng yīfu.

2 我 今天 上了 两 节 汉语 课。
Wǒ jīntiān shàng liǎng jié Hànyǔ kè.

3 你 买了 几 张 电影 票？ —只 买了 一 张。
Nǐ mǎile jǐ zhāng diànyǐng piào? Zhǐ mǎile yì zhāng.

❸ "V_1了（目），V_2（目）（了）"

1 今天 下了 课，你 做 什么？ —我 上网。
Jīntiān xiàle kè, nǐ zuò shénme? Wǒ shàngwǎng.

2 昨天 下了 课，你 做 什么 了？ —我 打工 了。
Zuótiān xiàle kè, nǐ zuò shénme le? Wǒ dǎgōng le.

3 今天 晚上 我 吃了 饭，就 去 看 电影。
Jīntiān wǎnshang wǒ chīle fàn, jiù qù kàn diànyǐng.

4 昨天 晚上 我 吃了 饭，就 去 唱 卡拉 OK 了。
Zuótiān wǎnshang wǒ chīle fàn, jiù qù chàng kǎlā OK le.

練習 9

1 イラストを見ながら，次の文の下線部を言い換えましょう。

星期天你做什么了？

我唱卡拉 OK 了。

2 次の問いに肯定文と否定文で答えましょう。

① 你去唱卡拉 OK 了吗？

② 你买了三件衣服吗？

③ 你吃过北京烤鸭吗？

④ 你看过京剧吗？

⑤ 张华在画画儿吗？

3 次の日本語を中国語に訳しましょう。

① 母はわたしにケーキを１つ買ってくれました。

② わたしは中国で服を（１着）買いました。

③ 明日食事を済ませたら，すぐテニスに行きます。

④ 昨日授業が終わった後，すぐ映画を見に行きました。

4 与えられた量詞を用い，各文の空欄を埋めましょう。

个	本	节	张	件	副	封	部

① 这（　　　）课是汉语课。

② 我买了一（　　　）毛衣。

③ 那（　　　）票是我买的。

④ 这（　　　）蛋糕很好吃。

⑤ 刚才我去邮局寄了一（　　　）信。

⑥ 哪（　　　）书是你的？

⑦ 她戴着一（　　　）眼镜。

⑧ 她买了一（　　　）手机。

●話してみよう●

♪57

▶美桜の留学生活紹介 (3)

美樱过生日， Měiyīng guò shēngrì,

大家给她买了 dàjiā gěi tā mǎile

一个生日蛋糕， yí ge shēngrì dàngāo,

祝她生日快乐。 zhù tā shēngrì kuàilè.

▶会話にチャレンジ！

谁 过 生日？
Shéi guò shēngrì?

美樱过生日。

大家 给 她 买了 什么？
Dàjiā gěi tā mǎile shénme?

买了一个生日蛋糕。

大家 说 什么 了？
Dàjiā shuō shénme le?

大家说："祝你生日快乐！"

“吃”という動詞の意味を知らない人はいないでしょう。“吃饭”（chī fàn＝ごはんを食べる）の“吃”ですが，“吸”（xī＝吸う），“喝”（hē＝飲む）の意味も含まれています。“吸烟”（xī yān＝タバコを吸う）は“吃烟”とも言うし，“喝茶”（hē chá＝お茶を飲む）についても，現代中国語としては方言色が濃いですが，“吃茶”でも通じないことはありません。

この“吃”，常に「…を食べる，吸う，飲む」と訳せるかというと，そうではありません。

“吃食堂”（chī shítáng），食堂を食べる？ まさかね。正解は「食堂で食べる」。“吃大碗”（chī dà wǎn）は，どんぶり鉢を食べるではなく「どんぶり鉢で食べる」です。

「食堂で食べる」を“吃食堂”と言うことができても，「家で食べる」を“吃家里”と言うことはできません。“在家里吃”（zài jiāli chī）と言わなければなりません。また，“吃大碗”に倣って，「箸で食べる」を“吃筷子”と言うこともできません。こちらは“用筷子吃”（yòng kuàizi chī）という表現を用います。

“吃食堂”“吃大碗”のように場所や手段を示す語を目的語にとる使い方は一種の慣用表現と見たほうがよいでしょう。

“吃”はさらに“吃老本”（chī lǎoběn＝元手で暮らす），“吃老保”（chī lǎobǎo＝労働保険で生活する），“吃朋友”（chī péngyou＝友人に食べさせてもらう）のように慣用表現をつくります。

このように，“吃”から発想された慣用表現は多々ありますが，おしまいに“吃鸭蛋”（chī yādàn）をご紹介しましょう。“鸡蛋”（jīdàn＝鶏のたまご）ではなく，もっと大きな“鸭蛋”（アヒルのたまご）をもらう――つまりテストで零点を取ることをユーモラスに言った表現です。

▲ 広東や香港で一般的な饮茶（yǐnchá）。日本語でも飲茶（ヤムチャ）として知られています。お茶を飲みながらさまざまな軽食（点心 diǎnxin）を食べることを意味します。

第10课 Dì Shí kè

现在 喜欢 吃 中国 菜 了。

Xiànzài xǐhuan chī Zhōngguó cài le.

♪ 58

今は中国料理が好きになりました。

✎ 新出単語

♪ 59

名　詞

- □ 中国菜 Zhōngguó cài　中国料理
- □ 法国菜 Fǎguó cài　フランス料理
- □ 日本菜 Rìběn cài　日本料理
- □ 以前 yǐqián　以前
- □ 现在 xiànzài　現在，今
- □ 刀叉 dāochā　ナイフとフォーク
- □ 以后 yǐhòu　以後
- □ 大学生 dàxuéshēng　大学生
- □ 天气 tiānqì　天気，気候
- □ 商店 shāngdiàn　商店

動　詞

- □ 喜欢 xǐhuan　(…するのが) 好きだ
- □ 觉得 juéde　(…であると) 思う，感じる
- □ 请 qǐng　招く，招いて…してもらう
- □ 习惯 xíguàn　慣れる
- □ 怕 pà　恐れる
- □ 走 zǒu　歩く，ある場所を離れる
- □ 结婚 jiéhūn　結婚する
- □ 讲演 jiǎngyǎn　講演する

形容詞

- □ 麻烦 máfan　面倒だ，煩わしい
- □ 冷 lěng　寒い，冷たい
- □ 贵 guì　(値段が) 高い
- □ 好看 hǎokàn　(見た目に) きれいだ，美しい
- □ 高兴 gāoxìng　うれしい，喜ぶ

副　詞

- □ 就 jiù　(…すれば，…であれば) それで
- □ 已经 yǐjīng　すでに

その他

- □ 了 le 助　文末に置かれ，変化や新しい事態の発生を示す。"了" (2)
- □ 就是 jiù shì　ただ…である
- □ 过几天 guò jǐ tiān　何日かたったら，そのうち
- □ 越来越… yuè lái yuè…　ますます…だ
- □ 早点儿 zǎodiǎnr　早めに

本文 10

三人が中国料理とフランス料理について話しています。マリーさんは中国料理が好きになりましたが，張華さんはフランス料理のナイフとフォークに慣れていないようです。

♪ 60

张华：玛丽，你 喜欢 吃 中国 菜 吗?
Mǎlì, nǐ xǐhuan chī Zhōngguó cài ma?

玛丽：以前 不 喜欢，现在 喜欢 了。
Yǐqián bù xǐhuan, xiànzài xǐhuan le.

你 觉得 法国 菜 怎么样?
Nǐ juéde Fǎguó cài zěnmeyàng?

张华：法国 菜 好吃 是 好吃，就 是 用 刀叉 太 麻烦。
Fǎguó cài hǎochī shì hǎochī, jiù shì yòng dāochā tài máfan.

玛丽：习惯了 就 好 了。过 几 天 我 请 你们 吃 法国 菜。
Xíguànle jiù hǎo le. Guò jǐ tiān wǒ qǐng nǐmen chī Fǎguó cài.

美樱：谢谢！ 我 不 怕 麻烦。
Xièxie! Wǒ bú pà máfan.

♪ 61

❶ 文末に置かれる語気助詞“了”(2)

1 我 是 大学生 了。
Wǒ shì dàxuéshēng le.

2 我 以前 不 喜欢 学习，现在 喜欢 了。
Wǒ yǐqián bù xǐhuan xuéxí, xiànzài xǐhuan le.

3 天气 冷 了。
Tiānqì lěng le.

4 留学生 越 来 越 多 了。
Liúxuéshēng yuè lái yuè duō le.

5 我 想 去 中国 留学 了。
Wǒ xiǎng qù Zhōngguó liúxué le.

6 来 中国 以后，美樱 会 跳舞 了。
Lái Zhōngguó yǐhòu, Měiyīng huì tiàowǔ le.

7 我 明天 不 去 打工 了。
Wǒ míngtiān bú qù dǎgōng le.

8 她 已经 不 抽 烟 了。
Tā yǐjīng bù chōu yān le.

❷ “…是…，就是…”

1 日本 菜 好吃 是 好吃，就 是 太 贵 了。
Rìběn cài hǎochī shì hǎochī, jiù shì tài guì le.

2 喜欢 是 喜欢，就 是 太 麻烦。
Xǐhuan shì xǐhuan, jiù shì tài máfan.

3 想 去 是 想 去，就 是 没有 时间。
Xiǎng qù shì xiǎng qù, jiù shì méiyǒu shíjiān.

❸ “(要是) …就好了”

1 习惯 了 就 好 了。
Xíguàn le jiù hǎo le.

2 我们 要是 能 结婚 就 好 了。
Wǒmen yàoshi néng jiéhūn jiù hǎo le.

3 我 要是 早 点儿 起床 就 好 了。
Wǒ yàoshi zǎo diǎnr qǐchuáng jiù hǎo le.

4 昨天 不 喝 酒 就 好 了。
Zuótiān bù hē jiǔ jiù hǎo le.

❹ 兼語文

主語	述語
	動詞 ＋ 目的語
	主語 ＋ 動詞（句）

1 玛丽 请 他们 吃 法国 菜。
Mǎlì qǐng tāmen chī Fǎguó cài.

2 张 华 请 美樱 和 玛丽 去 看 电影。
Zhāng Huá qǐng Měiyīng hé Mǎlì qù kàn diànyǐng.

3 我 请 她 一起 去 跳舞。
Wǒ qǐng tā yìqǐ qù tiàowǔ.

4 我们 学校 请 他 来 讲演。
Wǒmen xuéxiào qǐng tā lái jiǎngyǎn.

練習 10

1 次の文の下線部を言い換えましょう。

我喜欢<u>吃中国菜</u>。

① 看画展　② 唱卡拉 OK　③ 看京剧　④ 跳舞

⑤ 学习汉语　⑥ 上网　⑦ 吃水果　⑧ 做蛋糕

2-1 語気助詞“了”(2) の有無に注意して，次の文を日本語に訳しましょう。

① 她是大学生。 — 她是大学生了

② 今天天气很好。 — 今天天气好了。

③ 美樱会做中国菜。 — 美樱会做中国菜了。

④ 我明天不去学校。 — 我明天不去学校了。

⑤ 她不抽烟。 — 她不抽烟了。

2-2 語気助詞“了(1)、了(2)”の区別に注意し，次の文を日本語に訳しましょう。

① 你买什么了? — 你会做什么了?

② 我去商店了。 — 我不去商店了。

③ 他喝酒了。 — 他不喝酒了。

④ 她走了。 — 我走了。

3 与えられた語句を並べ替え，日本語の意味に合うように文を作りましょう。

① 張華さんはみなさんを中華料理に招待します。

a）请　b）吃　c）菜　d）大家　e）中国　f）张华

② 田中さんは中国人の友達に中国語を教えてもらいます。

a）朋友　b）汉语　c）教　d）中国　e）请　f）田中

③ 一緒にカラオケに行っていただきたいのですが。

a）我　b）请　c）想　d）你　e）去　f）卡拉 OK　g）一起

④ 昨日行かなければよかったです。

a）不　b）去　c）了　d）就　e）好　f）昨天

4 次の文を完成させましょう。

① 法国菜好吃是好吃，就是____________________。

② 日本菜好看是好看，就是____________________。

③ 我喜欢看是喜欢看，就是____________________。

④ 我想去是想去，就是____________________。

●話してみよう●

♪62

▶美桜の留学生活紹介（4）

美樱越来越喜欢	Měiyīng yuè lái yuè xǐhuan
吃中国菜了,	chī Zhōngguó cài le,
可是玛丽说请她	kěshì Mǎlì shuō qǐng tā
吃法国菜,	chī Fǎguó cài,
她也很高兴。	tā yě hěn gāoxìng.

▶会話にチャレンジ！

美樱　喜欢　吃　什么　菜?
Měiyīng　xǐhuan　chī　shénme　cài?

喜欢吃中国菜。

谁　请　美樱　吃　法国　菜?
Shéi　qǐng　Měiyīng　chī　Fǎguó　cài?

玛丽请美樱吃法国菜。

● 外来語の借用の方法

（1）音訳

的士（dīshì　タクシー；英 taxi）

沙发（shāfā　ソファー；英 sofa）

伊妹儿（yīmèir　メール；英 E-mail）

（2）音訳＋意訳（意訳部分のかわりに音訳部分が属するカテゴリーを示したり意味を補充したりする語を加える）

咖喱饭（gālífàn　カレーライス；英 curry and rice）

啤酒（píjiǔ　ビール；英 beer）

保龄球（bǎolíngqiú　ボウリング；英 bowling）

（3）意訳

电脑（diànnǎo　コンピューター；英 computer）

数据库（shùjùkù　データベース；英 data base）

世界杯（Shìjièbēi　ワールドカップ；英 World Cup）

新型コロナの蔓延で 1 年延期，ついで実施するかしないかでも揉めに揉めた東京オリンピックですが，オリンピックという語が古代ギリシアのオリンピア祭での競技大会 Olympic に由来することは，よく知られているとおりです。日本語では「五輪」「五輪大会」と訳されていることがあるのに対し，中国語ではそのまま“奥林匹克”と音訳し，それだけではなんのことか分かりにくいので，後ろに“运动会”を添えて“奥林匹克运动会”（Àolínpǐkè Yùndònghuì）としています。ただし，これだと長たらしいので，多くは“奥运会”（Àoyùnhuì）と略して使われています。

外来語の大きな流れとしては，はじめ音訳語として受け入れたものの定着せず，やがて意訳語に取って代わられるという傾向を指摘することができます。例えば，

版克（bǎnkè　銀行；英 bank）⇒ 银行（yínháng）

开麦拉（kāimàilā　カメラ；英 camera）⇒ 照相机（zhàoxiàngjī）

披亚诺（pīyànuò　ピアノ；英 piano）⇒ 钢琴（gāngqín）

赛因斯（sàiyīnsī　科学，サイエンス；英 science）⇒ 科学（kēxué）

これらの中には，“银行”や“科学”のように，先に日本語として定着していたものを借用したものも多くみられます。（第 11 課「日本語からの外来語」も参照してください。）

美樱 去 上海 旅行了 一个 星期。

Měiyīng qù Shànghǎi lǚxíngle yíge xīngqī.

♪ 63

美桜さんは，一週間上海に旅行に行きました。

第 11 课
Dì shíyī kè

✎ 新出単語

♪ 64

名　詞
- □ 最近 zuìjìn　最近，近ごろ
- □ 上海 Shànghǎi　上海
- □ 星期 xīngqī　曜日，週
- □ 高铁 gāotiě　高速列車
- □ 外滩 wàitān　ワイタン（黄浦江岸一帯の観光名所）
- □ 夜景 yèjǐng　夜景
- □ 东西 dōngxi　物，品物
- □ 早饭 zǎofàn　朝食

動　詞
- □ 见到 jiàndào　会う，見かける
- □ 旅行 lǚxíng　旅行する
- □ 住 zhù　住む，泊まる

形容詞
- □ 漂亮 piàoliang　きれいだ，美しい
- □ 迷人 mírén　うっとりさせる

その他
- □ 非常 fēicháng 副　非常に
- □ 一个星期 yí ge xīngqī　1週間
- □ 多长时间 duō cháng shíjiān　どのくらいの期間
- □ 南京路 Nánjīng lù　上海のメインストリート・最大の繁華街
- □ 怎么样 zěnmeyàng 疑代　どうであるか
- □ 次 cì 動量　回数を数える
- □ 跟 gēn 介　…と。動作・行為を共にする相手を示す
- □ 特别是 tèbié shi　とりわけ…だ

本文 11

美桜さんは，久しぶりに出会った張華さんから，なぜ姿を見かけなかったかとたずねられました。美桜さんは，上海旅行に行っていたから，と答えます。

♪
65

张华：美樱，最近 怎么 没 见到 你 呢？
Měiyīng, zuìjìn zěnme méi jiàndào nǐ ne?

美樱：我 去 上海 旅行 了。
Wǒ qù shànghǎi lǚxíng le.

张华：你 去了 多 长 时间？
Nǐ qùle duō cháng shíjiān?

美樱：我 去了 一 个 星期。
Wǒ qùle yí ge xīngqī.

张华：你 是 怎么 去 的？
Nǐ shì zěnme qù de?

美樱：我 是 坐 高铁 去 的。
Wǒ shì zuò gāotiě qù de.

张华：你 觉得 上海 怎么样？
Nǐ juéde Shànghǎi zěnmeyàng?

美樱：上海 很 漂亮，特别 是 外滩 的 夜景 非常 迷人。
Shànghǎi hěn piàoliang, tèbié shì Wàitān de yèjǐng fēicháng mírén.

♪66

❶ 時量を表す時間名詞

時量を表す時間名詞	問い	
两分钟 zhōng、十五分钟、一刻钟、三十分钟	几分钟	多长时间 (duō cháng shíjiān)
半个小时 xiǎoshí / 钟头 zhōngtóu、两个小时、三个半小时，	几小时 / 几个钟头	
半天、一天、两天半、十天	几天	
三十一天、一百天	多少 duōshao 天	
一个月、两个月、三个月、四个月	几个月	
半年、一年、两年半、十年	几年	
十五年、六百年、两千年、三万年	多少年	
一个星期、两个星期	几个星期	

❷ 数量補語

主語	述語	数量補語	目的語

1 他们 每 天 工作 八 个 小时。
Tāmen měi tiān gōngzuò bā ge xiǎoshí.

2 他 学了 两 个 小时 汉语。
Tā xuéle liǎng ge xiǎoshí Hànyǔ.

3 美樱 去 上海 旅行了 一 个 星期。
Měiyīng qù Shànghǎi lǚxíngle yí ge xīngqī.

4 美樱 去过 一 次 上海。
Měiyīng qùguo yí cì Shànghǎi.

5 他 看过 两 次 中国 电影。
Tā kànguo liǎng cì Zhōngguó diànyǐng.

❸ "是…的"構造

主語	(是)	状況語	述語（動詞）	的	目的語

1 她 是 从 哪儿 来 的？ —她 是 从 英国 来 的。
Tā shì cóng nǎr lái de? Tā shì cóng Yīngguó lái de.

2 美樱 是 怎么 去 的 上海？ —美樱 是 坐 高铁 去 的。
Měiyīng shì zěnme qù de Shànghǎi? Měiyīng shì zuò gāotiě qù de.

3 他 在 哪儿 学 的 汉语？ —他 在 大学 学 的。
Tā zài nǎr xué de Hànyǔ? Tā zài dàxué xué de.

4 你 几 点 吃 的 早饭？ —我 七 点 吃 的。
Nǐ jǐ diǎn chī de zǎofàn? Wǒ qī diǎn chī de.

練習 11

❶ イラストを見ながら，次の問いに答えましょう。

她是从哪儿来的？

①

②
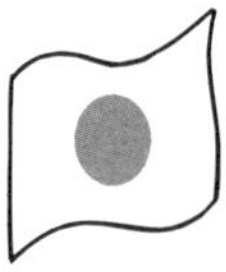
③

④

⑤
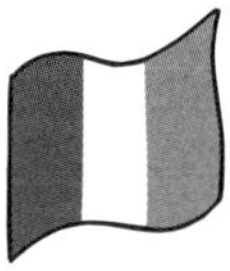

❷ 次の文の下線部を言い換えましょう。

你学了<u>多长时间</u>汉语？　我学了<u>一年</u>汉语。

① 几小时	两个小时
② 几天	十天
③ 几个星期	四个星期
④ 几个月	八个月
⑤ 几年	一年半

❸ 与えられた語句を並べ替え，日本語の意味に合うように文を作りましょう。

① わたしは中国語を 2 年間勉強したいです。

a）我　b）两年　c）学　d）汉语　e）想

② わたしは京劇を 2 回見たことがあります。

a）我　b）看过　c）京剧　d）两次

③ 彼は昨日テニスを 4 時間していました。

a）他　b）了　c）打　d）昨天　e）四个小时　f）网球

④ わたしは高速列車で上海に行きました。

a）我　b）是　c）坐高铁　d）上海　e）的　f）去

❹ “了” または “的” を用いて，次の文章の空欄を埋めましょう。また，選んだ理由についても説明できるようにしましょう。

暑假 我 去 中国 旅游（　）。我 跟 朋友 一起 去（　）。我 在
Shǔjià wǒ qù Zhōngguó lǚyóu（　）. Wǒ gēn péngyou yìqǐ qù（　）. Wǒ zài

上海 住（　）三 天，买（　）很 多 东西。这 件 红 毛衣 是 在
Shànghǎi zhù（　）sān tiān, mǎi（　）hěn duō dōngxi. Zhè jiàn hóng máoyī shì zài

南京 路 买（　）。
Nánjīng lù mǎi（　）.

●話してみよう●

♪ 67

▶美桜の留学生活紹介 (5)

美樱去上海旅行了，	Měiyīng qù Shànghǎi lǚxíng le,
她去了一个星期，	tā qùle yí ge xīngqī,
她是坐高铁去的。	tā shì zuò gāotiě qù de.

▶会話にチャレンジ

美樱 去 哪儿 旅行 了？ Měiyīng qù nǎr lǚxíng le?	去上海了。
美樱 去了 多 长 时间？ Měiyīng qùle duō cháng shíjiān?	去了一个星期。
美樱 是 怎么 去 的？ Měiyīng shì zěnme qù de?	是坐高铁去的。

近代に至るまで日本語は中国古典や中国語から一方的に漢語語彙を受け入れていましたが，明治維新以降は逆に，日本が西洋文化を受容する過程で作り出した，いわば和製の漢語を，中国が受け入れることになりました。

電信、電話、電報、生産、供給、法庭、議員、政策、哲学、倫理、宗教……

これらの語彙は，繁体字と簡体字の違いはありますが，発音だけが中国語になって，今日もそのまま使われています。

ついで，改革・開放政策が実施された 1978 年以降，外来文化との接触が激しさを増すにつれ，日本や欧米の語彙が大量に中国語の中に取り入れられることになります。

日本から取り入れられた語彙だけに限っても，下記のような例があります。

音訳語として：

榻榻米（tàtàmǐ　たたみ）　　欧巴桑（ōubāsāng　おばさん）

妈妈桑（māmasāng　ママさん）　　卡拉 OK（kǎlā OK　カラオケ）

＊これらの中には“熬点”（áodiǎn）のように「おでん」の音訳ながら，“熬”のもつ「長時間かけて煮る」という意味を巧みに生かしたものも見られる。

音訳＋意訳語として：

乌冬面（wūdōngmiàn　うどん）　　保龄球（bǎolíngqiú　ボウリング）

迷你裙（míniqún　ミニスカート）　　桑拿浴（sāngnáyù　サウナ）

日本語をそのまま用いたものとして：

寿司（shòusī　すし）　天妇罗（tiānfùluó　天ぷら）　料理（liàolǐ　料理）

便当（弁当）（biàndāng　べんとう）　人气（rénqì　人気）　玄关（xuánguān　玄関）

看板（kànbǎn　看板）　少子化（shǎozǐhuà　少子化）

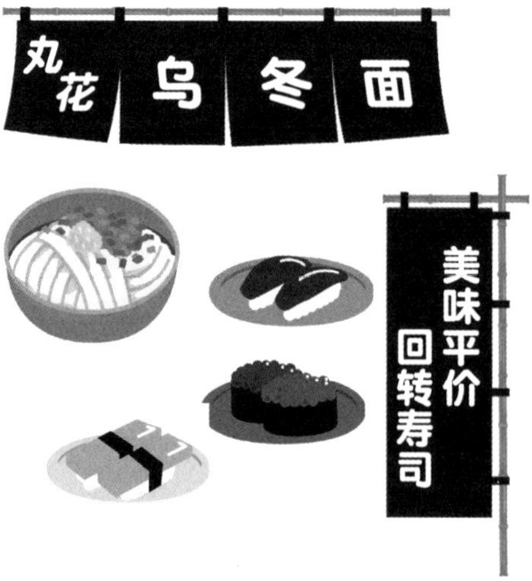

◀ うどん，寿司，天ぷら等，日本の有力チェーン店は中国にも進出していて，特に都市部では，日本でお馴染みの看板に出会うとこもあります。

上海话 你 听懂 了 吗?

Shànghǎihuà nǐ tīngdǒng le ma?

第12课

Dì shí'èr kè

♪ 68

上海語は聞いてわかりましたか？

新出単語

♪ 69

名詞

- □ 上海话 Shànghǎihuà 上海語
- □ 北方人 běifāngrén 北方の人
- □ 上海人 Shànghǎirén 上海人
- □ 午饭 wǔfàn 昼食，昼ごはん
- □ 声音 shēngyīn 声，音
- □ 世界杯 Shìjièbēi ワールドカップ
- □ 足球赛 zúqiúsài サッカーの試合
- □ 螃蟹 pángxiè かに
- □ 富士山 Fùshì shān 富士山
- □ 和服 héfú 和服，着物
- □ 毕业生 bìyèshēng 卒業生
- □ 公司 gōngsī 会社
- □ 筷子 kuàizi はし

動詞

- □ 听 tīng 聞く
- □ 懂 dǒng わかる，理解する
- □ 听说 tīngshuō …だと聞いている
- □ 休息 xiūxi 休み
- □ 完 wán 終わる
- □ 到 dào 至る，到達する，達成する
- □ 找 zhǎo 探す

形容詞

- □ 理想 lǐxiǎng 理想的だ

副詞

- □ 怪不得 guàibude 道理で…だ
- □ 再 zài また，ふたたび
- □ 还 hái さらに，なお，そのうえ

その他

- □ 不过 búguò 接 だが，しかし
- □ 啊 a 助 文末に用いて，肯定・弁解などの語気を表す
- □ 还是 háishi 接 それとも
- □ 不太好说 bú tài hǎo shuō 答えにくい，一言では答えられない
- □ 遍 biàn 動量 （初めから終わりまでの）回数を数える

本文 12

美桜さんは上海語を聞き取れませんでした。実は中国人でも北方の人は上海語がわかりませんが，張華さんはお母さんが上海の出身なので聞き取れるそうです。

♪ 70

张华：上海话， 你 听懂 了 吗?
Shànghǎihuà, nǐ tīngdǒng le ma?

美樱：没 听懂。你 会 说 上海话 吗?
Méi tīngdǒng. Nǐ huì shuō Shànghǎihuà ma?

张华：只 会 说 一点儿，不过 能 听懂。
Zhǐ huì shuō yìdiǎnr, búguò néng tīngdǒng.

美樱：听说 北方人 听不懂 上海话。
Tīngshuō běifāngrén tīngbudǒng Shànghǎihuà.

张华：我 妈妈 是 上海人 啊！
Wǒ māma shì Shànghǎirén a!

美樱：怪不得 你 听得懂 上海话。
Guàibude nǐ tīngdedǒng Shànghǎihuà.

张华：你 喜欢 北京，还是 喜欢 上海?
Nǐ xǐhuan Běijīng, háishi xǐhuan Shànghǎi?

美樱：这 不 太 好 说。
Zhè bú tài hǎo shuō.

♪ 71

❶ 結果補語

主語	述語（動詞）	結果補語（動／形）
	「否定」没 V 結果補語	

1 我 已经 吃完 饭 了。
Wǒ yǐjīng chīwán fàn le.

2 我 的 作业 还 没 做完。
Wǒ de zuòyè hái méi zuòwán.

3 我 没 听懂，请 再 说 一 遍。
Wǒ méi tīngdǒng, qǐng zài shuō yí biàn.

4 他 找到了 理想 的 工作。
Tā zhǎodàole lǐxiǎng de gōngzuò.

5 我 去 日本 没 看到 穿 和服 的。
Wǒ qù Rìběn méi kàndào chuān héfú de.

❷ 可能補語（1）

主語	述語（動詞）	可能補語
	V 得 / 不＋結果	

1 休息 二十 分 钟，午饭 吃得完。
Xiūxi èrshí fēn zhōng, wǔfàn chīdewán.

2 作业 太 多，我 做不完。
Zuòyè tài duō, wǒ zuòbuwán.

3 我 听不懂 英语，请 用 汉语 说。
Wǒ tīngbudǒng Yīngyǔ, qǐng yòng Hànyǔ shuō.

4 大学生 找得到 理想 的 工作。
Dàxuéshēng zhǎodedào lǐxiǎng de gōngzuò.

5 在 我们 学校 看不到 穿 和服 的。
Zài wǒmen xuéxiào kànbudào chuān héfú de.

❸ 選択疑問文 "A，还是 B"

1 你 去 中国，还是 去 美国？ —去 中国。
Nǐ qù Zhōngguó, háishi qù Měiguó? Qù Zhōngguó.

2 你 喜欢 唱 歌，还是 喜欢 跳舞？ —喜欢 唱 歌。
Nǐ xǐhuan chàng gē, háishi xǐhuan tiàowǔ? Xǐhuan chàng gē.

3 你 用 英语 说，还是 用 汉语 说？ —用 汉语 说。
Nǐ yòng Yīngyǔ shuō, háishi yòng Hànyǔ shuō? Yòng Hànyǔ shuō.

4 你 今年 去 留学，还是 明年 去 留学？ —明年 去。
Nǐ jīnnián qù liúxué, háishi míngnián qù liúxué? Míngnián qù.

練習 12

1 次の肯定文を否定文に改めましょう。

① 老师的汉语我听懂了。

② 在上海能吃到（吃得到）日本菜。

③ 汉语作业我做完了。

④ 在这里看得到富士山。

2 次の問いに答えましょう。

① 你作业做完了吗?

② 汉语你听得懂吗?

③ 你看到玛丽了没有?

④ 这些菜你吃得完吃不完?

3 “到” の意味に注意して，次の文を日本語に訳しましょう。

① 声音太小，我听不到。

② 世界杯足球赛的票买不到了。

③ 在北京吃不到上海螃蟹。

④ 在这儿看不到富士山。

⑤ 在我们公司看不到穿和服的。

⑥ 毕业生找不到理想的工作。

4 次の文を完成させましょう。

① 你喜欢吃中国菜，还是＿＿＿＿＿＿＿＿＿＿。

② 你今天去上海，还是＿＿＿＿＿＿＿＿＿＿。

③ 你想唱卡拉 OK，还是＿＿＿＿＿＿＿＿＿＿。

④ 你用筷子吃饭，还是＿＿＿＿＿＿＿＿＿＿。

●話してみよう●

♪ 72

▶美桜の留学生活紹介（6）

美樱在上海	Měiyīng zài Shànghǎi
没听懂上海话，	méi tīngdǒng Shànghǎihuà,
张华听得懂上海话，	Zhāng Huá tīngdedǒng Shànghǎihuà,
还会说一点儿上海话。	hái huì shuō yìdiǎnr Shànghǎihuà.

▶会話にチャレンジ

美樱 在 上海 听懂 上海话 了 吗？　　没听懂。
Měiyīng zài Shànghǎi tīngdǒng Shànghǎihuà le ma?

张 华 听得懂 上海话 吗？　　听得懂。
Zhāng Huá tīngdedǒng Shànghǎihuà ma?

张 华 会 说 上海话 吗？　　会说一点儿。
Zhāng Huá huì shuō Shànghǎihuà ma?

試験で「お茶を飲む」という日本語を中国語に訳してもらうと，“饮茶”と答える人もいるし，“吃茶”と答える人もいます。

“饮茶”(yǐn chá) も“吃茶”(chī chá) も中国語として通じないわけではありませんが，合格点をあげるわけにはいきません。“饮茶は広東一帯の方言，“吃茶”は上海を中心にかなり広い範囲で使われてはいますが，やはり方言色を帯びた表現です。

“普通話”(pǔtōnghuà) = 普(あまね)く流通している言葉，すなわち「共通語」としては，「お茶を飲む」は“喝茶”(hē chá) ではなければなりません。

中国語の方言は通常は以下の八つに分類されます。(　　) 内はその代表語です。

(一) 北方方言 (北京語)
(二) 呉方言 (上海語)
(三) 湘方言 (長沙語)
(四) 贛(カン)方言 (南昌語)
(五) 客家(ハッカ)方言 (広東梅県語)
(六) 闽(ビン)北方言 (福州語)
(七) 闽南方言 (アモイ語)
(八) 粤(エツ)方言 (広州語)

＊巻末に中国の地図がありますので，合わせて参考にしてください。

方言間の隔たりはヨーロッパにおける英語，ドイツ語，フランス語等の隔たりよりも大きく，とりわけ発音の差が著しく，異なる方言間ではコミュニケーションがまったく成り立たないこともしばしば起こります。

そこで革命後の中国では，北京語の音を標準音とし，北方方言を基礎方言として，模範的現代白話文の著作を文法の規範とした民族共通語の育成に努めています。“普通話”と呼ばれるこの共通語＝“汉语”(Hànyǔ) が，わたしたちの学ぶ中国語なのです。

他 带不来 好吃 的 东西。

Tā dàibulái hǎochī de dōngxi.

♪ 73

彼は美味しいものを持って来られません。

新出単語

♪ 74

名詞

- □ 草莓 cǎoméi イチゴ
- □ 食品 shípǐn 食品
- □ 好汉 hǎohàn 好漢，立派な男子
- □ 公园 gōngyuán 公園
- □ 教室 jiàoshì 教室
- □ 春节 Chūnjié 春節
- □ 孩子 háizi 子ども
- □ 晚会 wǎnhuì 夕べの集い
- □ 车 chē 車，自動車

動詞

- □ 带 dài 案内する，身につける
- □ 爱 ài …することを好む
- □ 玩儿 wánr 遊ぶ
- □ 登 dēng 登る
- □ 出差 chūchāi 出張する
- □ 跑 pǎo 走る
- □ 毕业 bìyè 卒業する
- □ 拿 ná 持つ
- □ 站 zhàn 立つ
- □ 迟到 chídào 遅刻する

副詞

- □ 最 zuì もっとも，一番
- □ 一定 yídìng 必ず，きっと

その他

- □ 要…了 yào…le もうすぐ…する，まもなく…になる
- □ 那么 nàme 指代 そんなに
- □ 要 yào 助動 …しようと思う
- □ 非 fēi 動 …にあらず＝"不是"
- □ 嘛 ma 助 …ではないか；当然であるという語気を示す

本文 13

美桜さんは，ボーイフレンドが近く北京に来ることを嬉しそうにマリーさんに話しています。ただ，大好きなイチゴを持ってこられないのが残念なようです。

♪ 75

美樱：我 男朋友 要 来 北京 了。
Wǒ nánpéngyou yào lái Běijīng le.

玛丽：怪不得 你 这么 高兴！
Guàibude nǐ zhème gāoxìng!

美樱：他 说 想 给 我 带 草莓，可是 带不来。
Tā shuō xiǎng gěi wǒ dài cǎoméi, kěshì dàibulái.

玛丽：也 有 可以 带 的 食品 啊。
Yě yǒu kěyǐ dài de shípǐn a.

美樱：我 最 爱 吃 草莓。
Wǒ zuì ài chī cǎoméi.

玛丽：你 想 带 他 去 哪儿 玩儿？
Nǐ xiǎng dài tā qù nǎr wánr?

美樱：他 说 一定 要 登 上 长城 看看。
Tā shuō yídìng yào dēng shang Chángchéng kànkan.

玛丽：不 到 长城 非 好汉 嘛！
Bú dào Chángchéng fēi hǎohàn ma!

♪ 76

❶ 方向動詞

	上 shàng	下 xià	进 jìn	出 chū	回 huí	过 guò	起 qǐ
来 lái	上来 shànglai	下来 xiàlai	进来 jìnlai	出来 chūlai	回来 huílai	过来 guòlai	起来 qǐlai
去 qù	上去 shàngqu	下去 xiàqu	进去 jìnqu	出去 chūqu	回去 huíqu	过去 guòqu	—

❷ 方向補語

主語	述語(動詞)	方向補語(方向動詞)
	「否定」没 V 方向補語	

1 他 从 图书馆 借来 一 本 书。
Tā cóng túshūguǎn jièlai yì běn shū.

2 美樱 的 男朋友 没 带来 好吃 的。
Měiyīng de nánpéngyou méi dàilai hǎochī de.

3 爸爸 已经 回来 了。
Bàba yǐjīng huílai le.

4 小 王 回 家 去 了。
Xiǎo Wáng huí jiā qu le.

5 老师 走进 教室 来。
Llǎoshī zǒujìn jiàoshì lai.

6 孩子们 从 公园 跑出来 了。
Háizimen cóng gōngyuán pǎochulai le.

❸ 可能補語 (2)

主語	述語(動詞)	可能補語
	V 得 / 不+方向	

1 我 哥哥 的 车 我 借得来。
Wǒ gēge de chē wǒ jièdelái.

2 美樱 的 男朋友 带不来 草莓。
Měiyīng de nánpéngyou dàibulái cǎoméi.

3 我 爸爸 出差 了，明天 回不来。
Wǒ bàba chūchāi le, míngtiān huíbulái.

❹ "要…了"

1 要…了：要 到 春节 了。
Yào dào Chūnjié le.

2 快…了：快 毕业 了。
Kuài bìyè le.

3 快要…了：快要 上课 了。
Kuàiyào shàngkè le.

4 就要…了：晚会 六 点 就 要 开始 了。
Wǎnhuì liù diǎn jiù yào kāishǐ le.

練習 13

1 イラストに合うように「V＋方向補語」フレーズを作りましょう。

①走（　　）　②跑（　　）　③买（　　）　④拿（　　）　⑤站（　　）

2 方向動詞を使って，次の文の空欄を埋めましょう。

①妈妈给我买（　　　）了一件衣服。

②老师走（　　　）教室来。

③他从书包里拿（　　　）一部手机。

④一只小猫跑（　　　）房间去。

⑤我早上起不（　　　），经常迟到。

3 与えられた語句を並べ替え，日本語の意味に合うように文を作りましょう。

①一人の学生は走って教室に入ってきました。

a）一个）　b）跑　c）学生　d）进　e）来　f）教室

②子どもは家の中から走り出ました。

a）孩子　b）家里　c）从　d）出来　e）跑　f）了

③彼は私に食べるものを持ってきませんでした。

a）给我　b）带来　c）没　d）东西　e）他　f）吃的

④彼はそんな多いものを持ってこられません。

a）他　b）带　c）那么多　d）东西　e）不来

4 次の日本語を中国語に訳しましょう。

①私は図書館から本を２冊借りてきました。

②子供たちは走って公園に行きました。

③電車がなくなったので，帰れません。

④まもなく授業が始まります。

●話してみよう●

♪77

▶美桜の留学生活紹介（7）

美樱的男朋友	Měiyīng de nánpéngyou
要来北京了，	yào lái Běijīng le,
他想给美樱带草莓，	tā xiǎng gěi Měiyīng dài cǎoméi,
可是带不来。	kěshì dàibulái.

▶会話にチャレンジ

谁 要 来 北京 了？ Shéi yào lái Běijīng le?	美樱的男朋友。
什么 带不来？ Shénme dàibulái?	草莓带不来。

● 見分けられますか？ 上が現代の中国の漢字，下が日本の常用漢字です

鼻	边	步	查	带	单
鼻	辺	歩	査	帯	単
对	骨	画	角	卷	两
対	骨	画	角	巻	両
兔	脑	器	浅	收	团
兎	脳	器	浅	収	団
效	修	压	应	与	直
効	修	圧	応	与	直

日本語の漢字は中国から伝わってきたもので，もとは，書き方が同じでした。現在，香港，台湾で使われている漢字はもとの漢字で，繁体字と呼ばれています。しかし，日本も中国も漢字を簡略化しました。これによって，上のような違いが生じたのです。日本の漢字字体は 1949 年『当用漢字字体表』に基づいたものですが，中国の漢字字体は 1964 年《簡体字総表》に基づいたものです。

中国語の漢字の簡略法はおもに以下のようなものが挙げられます。

1) 元の字の一部を残したもの (*印は古字)

丰* (豐)　电 (電)　开 (開)　习 (習)　儿 (兒)　飞 (飛)

2) へん・つくりを簡略したもの

浅 (淺)　剂 (劑)　妇 (婦)　观 (觀)　鸡 (鷄)　讲 (講)

3) 同音または近音の簡単な字を借りたもの

谷 (穀)　里 (裏)　丑 (醜)　面 (麵)　几 (幾)　干 (乾・幹)

4) 草書体を採用したり，輪郭だけ残したもの

马 (馬)　书 (書)　长 (長)　亚 (亞)　广 (廣)　气 (氣)

5) 形声文字の原理を利用したもの

忧 (憂)　惊 (驚)　护 (護)　态 (態)　运 (運)　构 (構)

＊形声文字とは，形＝意味を表す部分と，声＝発音を表す部分とを組み合わせて出来上がった文字のことです。漢字全体のおよそ 9 割を占めています。

你打乒乓球打得真好！
Nǐ dǎ pīngpāngqiú dǎde zhēn hǎo!

第14课
Dì shísì kè

♪ 78

卓球が本当に上手ですね！

✏ 新出単語

♪ 79

名　詞
- □ 乒乓球 pīngpāngqiú　卓球

動　詞
- □ 以为 yǐwéi　…であると思う，思い込む
- □ 学 xué　学ぶ
- □ 渴 kě　のどが渇く
- □ 来不及 láibují　間に合わない
- □ 背 bèi　暗記する

形容詞
- □ 难 nán　難しい
- □ 着急 zháojí　焦る
- □ 流利 liúlì　流暢だ
- □ 慢 màn　遅い，ゆっくりしている

副　詞
- □ 别 bié　…しないでください
- □ 从小 cóngxiǎo　子どものころから
- □ 还是 háishi　やはり

その他
- □ 第一次 dì-yī cì　第１回，初めて
- □ 得 děi 助動　…しなければならない
- □ 记住 jìzhù　覚えこむ
- □ 学会 xuéhuì　学んで身につける，習って覚える

本文 14

美桜さんは張華さんに卓球を教えてもらっていますが，なかなか上達しないようです。

♪ 80

美樱：张华， 你 打 乒乓球 打得 真 好！
Zhānghuá, nǐ dǎ pīngpāngqiú dǎde zhēn hǎo.

张华：我 从小 就 喜欢 打 乒乓球。你 第 一 次 打，学得 很 快。
Wǒ cóngxiǎo jiù xǐhuan dǎ pīngpāngqiú. Nǐ dì- yī cì dǎ, xuéde hěn kuài.

美樱：我 以为 我 会 打 网球，学 乒乓球 也 不 难。
Wǒ yǐwéi wǒ huì dǎ wǎngqiú, xué pīngpāngqiú yě bù nán.
可是，一点儿 都 没 学会。
Kěshì, yìdiǎnr dōu méi xuéhuì.

张华：别 着急，多 打 几 次 就 会 了。
Bié zháojí, duō dǎ jǐ cì jiù huì le.

♪ 81

❶ 様態補語

主語	述語（動詞）	様態補語
	V 得＋様態（形容詞〔句〕）	

1 我 跑得 很 快。
Wǒ pǎode hěn kuài.

2 张 华 打 乒乓球 打得 很 好。
Zhāng Huá dǎ pīngpāngqiú dǎde hěn hǎo.

3 他 打 网球 打得 好 吗？ —打得 不 好。
Tā dǎ wǎngqiú dǎde hǎo ma? Dǎde bù hǎo.

4 他 说 汉语 说得 好 不 好？ —说得 不 太 好。
Tā shuō Hànyǔ shuōde hǎo bu hǎo? Shuōde bú tài hǎo.

5 你 汉语 学得 怎么样？ —学得 很 好。
Nǐ Hànyǔ xuéde zěnmeyàng? Xuéde hěn hǎo.

❷ "多／少""快／慢"

主語	状況語（多／少，快／慢）	述語（動詞）

1 今天 天气 冷，你 得 多 穿（一）点儿。
Jīntiān tiānqì lěng, nǐ děi duō chuān (yì)diǎnr.

2 家里 还 有，少 买（一）点儿。
Jiāli hái yǒu, shǎo mǎi (yì)diǎnr.

3 我 没 听懂，请 慢（一）点儿 说。
Wǒ méi tīngdǒng, qǐng màn (yì)diǎnr shuō.

4 来不及 了，快（一）点儿 跑。
Láibují le, kuài (yì)diǎnr pǎo.

❸ 疑問文の不特定用法

1 我 渴 了，想 喝 点儿 什么。
Wǒ kě le, xiǎng hē diǎnr shénme.

2 我 想 什么 时候 去 一 次 中国。
Wǒ xiǎng shénme shíhou qù yí cì Zhōngguó.

3 乒乓球 多 打 几 次 就 会 了。
Pīngpāngqiú duō dǎ jǐ cì jiù huì le.

練習 14

1 イラストを見ながら，次の文の下線部を言い換えましょう。

例：他打乒乓球打得很好。

① 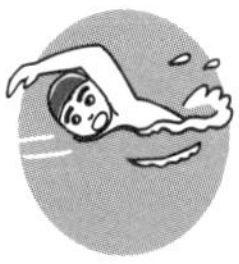

② 

③ 

④ 

⑤ 

⑥ 

2 次の問いに答えましょう。

① 你跑得快不快?

② 美樱打网球打得好不好?

③ 他汉语说得流利吗?

④ 你汉语学得怎么样?

3 次の文を日本語に訳しましょう。

① 我买多了，给你一点儿。

② 你早饭吃得太少。

③ 多背几次就记住了。

④ 来不及了，快点儿跑！

4 与えられた語句を並べ替え，日本語の意味に合うように文を作りましょう。

① わたしはあなたは買いたくないと思い込んでいました。

a）我　b）你　c）不　d）以为　e）想　f）买

② わたしは子どものころから歌を歌うのが好きでした。

a）我　b）就　c）唱歌　d）喜欢　e）从小

③ あなたは少し多めに食べなければなりません。

a）你　b）吃　c）得　d）多　e）一点儿

④ 彼女はテニスが上手です。

a）她　b）网球　c）打　d）打得　e）很好

●話してみよう●

♪ 82

▶美桜の留学生活紹介 (8)

美樱第一次打乒乓球，　Měiyīng dì-yī cì dǎ pīngpāngqiú,

她不会打，　tā bú huì dǎ,

但是她打网球打得很好。　dànshì tā dǎ wǎngqiú dǎde hěn hǎo.

▶会話にチャレンジ

美樱 会 打 乒乓球 吗?
Měiyīng huì dǎ pīngpāngqiú ma?

她第一次打，不会。

美樱 打 网球 打得 怎么样?
Měiyīng dǎ wǎngqiú dǎde zěnmeyàng?

打得很好。

● 出産政策の合言葉

【一人っ子政策】
只　生　一个　好！
Zhǐ shēng yí ge hǎo.
（一人だけ生むのがよい。）

【二人目解禁】
该　生　不　生，后悔　一生。
Gāi shēng bù shēng, hòuhuǐ yìshēng.
（生むべきときに生まなければ，一生後悔する。）

【三人目認める】
人丁　兴旺，家国　永昌。
Réndīng xīngwàng, jiāguó yǒngchāng.
（子どもが多いと，家も国も永遠に栄える。）

▲中国では一年間の幸せを願って「年画」を飾ります。子どもの年賀は成長と健康を願うものです。

中国では，人口の増加を抑制するため，一組の夫婦がもうける子どもの数を原則として一人に制限するいわゆる「一人っ子政策」を1979年から30年以上にわたり実施してきましたが，2016年にはこれを廃止して，「2人まで」の出産を認めています。

けれども少子高齢化には歯止めがかからず，2020年に実施した人口調査では，全国人口は過去最高の14億1178万人となる一方で，15～59歳の生産年齢人口が減少したほか，出生数も前年比で2割ほど落ち込み，人口減少が想定より早まる可能性が指摘されています。

少子高齢化が中国の発展を阻害しかねないことを憂慮した中国共産党は，2021年5月の政治局会議で，さらに産児制限を緩和し，「3人まで」の出産を認める方針を打ち出しました。

若者が出産をためらい，少子化が進む背景には，子育てにかかる経済的な負担の増加や，価値観の変化なども指摘されており，一部のメディアは，今回制限が緩和されても「効果は限定的だ」という専門家の見方を伝えています。

给 朋友 的 电邮
Gěi péngyou de diànyóu

♪
83

第15课
Dì Shíwǔ kè

友達へのメール

✏ 新出単語

♪
84

名　詞

- □ 电邮 diànyóu　電子メール
- □ 春假 chūnjià　春休み
- □ 机票 jīpiào　航空券
- □ 体验 tǐyàn　体験
- □ 感想 gǎnxiǎng　感想
- □ 冬天 dōngtiān　冬
- □ 东京 Dōngjīng　東京
- □ 典礼 diǎnlǐ　式典
- □ 名牌包 míngpái bāo　ブランド品のバッグ
- □ 电视剧 diànshìjù　テレビドラマ

動　詞

- □ 结束 jiéshù　終わる，終了する
- □ 订 dìng　予約する
- □ 让 ràng　…に…させる
- □ 读 dú　(声を出して) 読む
- □ 写 xiě　書く
- □ 等 děng　待つ
- □ 告诉 gàosu　告げる，知らせる
- □ 度过 dùguò　過ごす
- □ 谈 tán　語る
- □ 联系 liánxì　連絡する

形容詞

- □ 详细 xiángxì　詳しい
- □ 高 gāo　高い
- □ 便宜 piányi　安い

副　詞

- □ 差不多 chàbuduō　ほとんど
- □ 再 zài　(…したうえで) さらに，また

介　詞

- □ 比 bǐ　…に比べて，…よりも
- □ 于 yú　動作のなされる時間・場所を導く

その他

- □ 但是 dànshì　しかし，けれども
- □ 公分 gōngfēn 量　センチメートル＝"厘米"(límǐ)
- □ 名胜古迹 míngshèng gǔjì　名所旧跡

本文 15

一年の留学生活はまもなく終わろうとしています。美桜さんは友達の京子さんにメールを書いて，留学生活の体験や感想を述べています。

♪ 85

京子：
Jīngzǐ:

你 好！ 春假 你 在 做 什么?
Nǐ hǎo! Chūnjià nǐ zài zuò shénme?

我 在 中国 一 年 的 留学 生活 就 要 结束 了，已经
Wǒ zài Zhōngguó yì nián de liúxué shēnghuó, jiù yào jiéshù le, yǐjīng

订好了 下 个 月 十八 日 回 国 的 机票。
dìnghǎole xià ge yuè shíbā rì huí guó de jīpiào.

这 一 年，老师 让 我们 多 听、多 说、多 读、多 写。我 的
Zhè yì nián, lǎoshī ràng wǒmen duō tīng、duō shuō、duō dú、duō xiě. Wǒ de

汉语 比 以前 好 多 了，但是 还 没有 你 的 汉语 好。
Hànyǔ bǐ yǐqián hǎo duō le, dànshì hái méiyǒu nǐ de Hànyǔ hǎo.

北京 的 名胜 古迹 我 差不多 都 去过 了，还 去 上海 旅行了
Běijīng de míngshèng gǔjì wǒ chàbuduō dōu qùguo le, hái qù Shànghǎi lǚxíngle

一 次。我 有 很 多 体验 和 感想，等 回 国 以后，再 详细 告诉 你。
yí cì. Wǒ yǒu hěn duō tǐyàn hé gǎnxiǎng, děng huí guó yǐhòu, zài xiángxì gàosu nǐ.

祝 你 度过 一 个 愉快 的 春假！
Zhù nǐ dùguò yí ge yúkuài de chūnjià!

美樱 2 月 20 日 于 北京
Měiyīng èryuè èrshírì yú Běijīng

♪ 86

❶ "让" による使役文

主語	述語		
（命令者）	让	人	動詞（句）

1 明天 我 参加 毕业 典礼，我 妈妈 让 我 穿 和服。
Míngtiān wǒ cānjiā bìyè diǎnlǐ, wǒ māma ràng wǒ chuān héfú.

2 老师 让 我们 谈谈 留学 的 体验 和 感想。
Lǎoshī ràng wǒmen tántan liúxué de tǐyàn hé gǎnxiǎng.

3 我 爸爸 不 让 我 买 名牌 包。
Wǒ bàba bú ràng wǒ mǎi míngpái bāo.

❷ 比較文

1）"比" を用いる比較文

主語	状況語	述語	補語
A	比 B	形容詞	量差

1 哥哥 比 弟弟 高。
Gēge bǐ dìdi gāo.

2 美樱 的 汉语 比 我（的汉语）好。
Měiyīng de Hànyǔ bǐ wǒ (de Hànyǔ) hǎo.

3 姐姐 比 妹妹 高 三 公分。
Jiějie bǐ mèimei gāo sān gōngfēn.

4 我 的 汉语 比 以前 好 多 了。
Wǒ de hànyǔ bǐ yǐqián hǎo duō le.

5 这 件 衣服 比 那 件（衣服）便宜 一点儿。
Zhè jiàn yīfu bǐ nà jiàn (yīfu) piányi yìdiǎnr.

2）"没有" を用いる比較文

主語	状況語	述語
A	没有 B（那么）	形容詞

1 弟弟 没有 哥哥 高。
Dìdi méiyǒu gēge gāo.

2 上海 的 冬天 没有 北京 那么 冷。
Shànghǎi de dōngtiān méiyǒu Běijīng nàme lěng.

3 我 的 汉语 没有 美樱 好。
Wǒ de Hànyǔ méiyǒu Měiyīng hǎo.

4 这 件 衣服 没有 那 件 好看。
Zhè jiàn yīfu méiyǒu nà jiàn hǎokàn.

❸ "等…，再…"

1 等 做完 作业，我 再 看 电视剧。
Děng zuòwán zuòyè, wǒ zài kàn diànshìjù.

2 等 你 上 了 大学，妈妈 再 去 中国 旅游。
Děng nǐ shàng le dàxué, māma zài qù Zhōngguó lǚyóu.

練習 15

❶ イラストを見ながら，比較を表す文を作りましょう。

① 哥哥（　　）弟弟（　　）。

② 中国（　　）日本（　　）。

③ 书（　　）词典（　　）。

④ 这件衣服（　　）那件（　　）。

❷ 次の“让”による使役文を完成させましょう。

① 老师让我们＿＿＿＿＿＿＿＿＿＿＿＿。

② 妈妈让我＿＿＿＿＿＿＿＿＿＿＿＿。

③ 学校让我们＿＿＿＿＿＿＿＿＿＿＿＿。

④ 姐姐让我给她＿＿＿＿＿＿＿＿＿＿＿＿。

❸ 副詞“再、就、还”を用い，次の文の空欄を埋めましょう。

① 我昨天没见到她，今天（　　　　　）去一次。

② 今天作业多，我吃了饭（　　　　　）做。

③ 等我回国后，（　　　　　）跟你联系。

④ 我先去邮局，（　　　　　）去银行。

⑤ 她从小（　　　　　）喜欢读书。

⑥ 我（　　　　　）没去过中国。

⑦ 出了后门，（　　　　　）是邮局。

⑧ 我自己会做衣服（　　　　　）好了。

❹ “好”の意味と用法に注意して，次の文を日本語に訳しましょう。

① 她游泳游得很好。

② 衣服已经做好了。

③ 我一定学好汉语。

④ 我姐姐学习很好。

●話してみよう●

♪ 87

▶美桜の留学生活紹介 (9)

老师让美樱多听、	Lǎoshī ràng Měiyīng duō tīng、
多说、多读、多写，	duō shuō、duō dú、duō xiě,
她的汉语比以前	tā de Hànyǔ bǐ yǐqián
好多了。	hǎo duō le.

▶会話にチャレンジ

老师 让 美樱 怎么 学 汉语?
Lǎoshī ràng Měiyīng zěnme xué Hànyǔ?

老师让她多听、
多说、多读、多写。

美樱 的 汉语 怎么样?
Měiyīng de Hànyǔ zěnmeyàng?

比以前好多了。

早 发 白 帝 城 zǎo fā bái dì chéng	早(つと)に白帝城を発す
李 白 Lǐ Bái	李 白 (701—762)
朝 辞 白 帝 彩 云 间， zhāo cí bái dì cǎi yún jiān	朝(あした)に辞す　白帝彩雲の間，
千 里 江 陵 一 日 还。 qiān lǐ jiāng líng yí rì huán	千里の江陵　一日(いちじつ)にして還(かえ)る。
两 岸 猿 声 啼 不 住， liǎng àn yuán shēng tí bú zhù	両岸の猿声　啼(な)いて住(や)まざるに
轻 舟 已 过 万 重 山。 qīng zhōu yǐ guò wàn chóng shān	軽舟已(すで)に過ぐ　万重(ばんちょう)の山。

七言絶句。"间""还""山"が韻を踏んでいる。

白帝城は四川省奉節県にあった古城。江陵は現在の湖北省荊州市江陵県。

▲ 白帝城から見る長江

在欢送会上的致词

Zài huānsònghuì shang de zhìcí.

♪ 88

第16课
Dì Shíliù kè

歓送会でのことば

新出単語

♪ 89

名詞

- □ 欢送会 huānsònghuì 歓送会
- □ 致词 zhìcí 挨拶を述べる
- □ 面前 miànqián 目の前，目前
- □ 进步 jìnbù 進歩
- □ 文化 wénhuà 文化
- □ 向导 xiàngdǎo 導き手，ガイド
- □ 关系 guānxi 関係
- □ 日中 Rì-Zhōng 日中，日本と中国
- □ 论文 lùnwén 論文
- □ 友谊 yǒuyì 友誼，友情

動詞

- □ 讲话 jiǎnghuà 話をする，スピーチする
- □ 帮助 bāngzhù 助ける，援助する
- □ 加深 jiāshēn 深める
- □ 了解 liǎojiě 理解する
- □ 继续 jìxù 継続する
- □ 交流 jiāoliú 交流する
- □ 作出 zuòchū （役割などを）果たす
- □ 贡献 gòngxiàn 貢献する
- □ 干杯 gānbēi 乾杯する
- □ 完成 wánchéng 完成する
- □ 指导 zhǐdǎo 指導する
- □ 相识 xiāngshí 知る，知り合う
- □ 合作 hézuò 合作する，共同で行う

形容詞

- □ 紧张 jǐnzhāng 緊張している
- □ 友好 yǒuhǎo 友好的だ
- □ 努力 nǔlì 努力する
- □ 健康 jiànkāng 健康だ
- □ 热情 rèqíng 親切だ，情熱的だ

介詞

- □ 对 duì …に対して
- □ 为（了） wèi (le) …のために

その他

- □ 特别 tèbié 副 特に，とりわけ
- □ 感兴趣 gǎn xìngqù 興味がある
- □ 什么样 shénmeyàng 疑代 どんな，いかなる

本文 16

一年の留学生活の終わりに先生や学校の友達から送別会を開いてもらった美桜さん。中国語でお礼のスピーチをします。

♪ 90

各 位 老师 和 同学：
Gè wèi lǎoshī hé tóngxué:

你们 好！ 谢谢 大家 为 我 开 欢送会。 今天 在 大家 面前
Nǐmen hǎo! Xièxie dàjiā wèi wǒ kāi huānsònghuì. Jīntiān zài dàjiā miànqián

用 汉语 讲话，我 很 高兴，也 很 紧张。
yòng Hànyǔ jiǎnghuà, wǒ hěn gāoxìng, yě hěn jǐnzhāng.

在 老师 和 同学们 的 帮助 下，我 的 汉语 有了 很 大 进步，
Zài lǎoshī hé tóngxuémen de bāngzhù xià, wǒ de Hànyǔ yǒule hěn dà jìnbù,

也 加深了 对 中国 文化 的 了解。我 还 要 特别 感谢 我 的
yě jiāshēnle duì Zhōngguó wénhuà de liǎojiě. Wǒ hái yào tèbié gǎnxiè wǒ de

同屋 玛丽 和 我们 的 好 朋友 张 华。他们 俩 是 我 学习 和
tóngwū Mǎlì hé wǒmen de hǎo péngyou Zhāng Huá. Tāmen liǎ shì wǒ xuéxí hé

生活 的 向导。
shēnghuó de xiàngdǎo.

回 国 以后，我 一定 继续 努力 学习 汉语，大学 毕业 时 找 一
Huí guó yǐhòu, wǒ yídìng jìxù nǔlì xuéxí Hànyǔ, dàxué bìyè shí zhǎo yí

个 跟 中国 有 关系 的 工作，为 日中 友好 交流 作出 贡献。
ge gēn Zhōngguó yǒu guānxi de gōngzuò, wèi Rì-Zhōng yǒuhǎo jiāoliú zuòchū gòngxiàn.

谢谢 大家！
Xièxie dàjiā!

♪ 91

❶ 介詞"为(了)"

1 大家 为 我 开了 欢送会。
Dàjiā wèi wǒ kāile huānsònghuì.

2 他们 为 国家 做出了 贡献。
Tāmen wèi guójiā zuòchūle gòngxiàn.

3 为 大家 的 健康 干杯!
Wèi dàjiā de jiànkāng gānbēi.

4 为了 了解 中国 文化 学习 汉语。
Wèile liǎojiě Zhōngguó wénhuà xuéxí Hànyǔ.

❷ "在…下"

1 在 老师 的 指导 下,我 完成了 毕业 论文。
Zài lǎoshī de zhǐdǎo xià, wǒ wánchéngle bìyè lùnwén.

2 在 中国 同学 的 帮助 下,他 的 汉语 进步 很 快。
Zài Zhōngguó tóngxué de bāngzhù xià, tā de Hànyǔ jìnbù hěn kuài.

❸ 介詞"对"

1 我 对 中国 文化 很 感 兴趣。
Wǒ duì Zhōngguó wénhuà hěn gǎn xìngqù.

2 她 对 学习 很 有 热情。
Tā duì xuéxí hěn yǒu rèqíng.

3 我 姐姐 对 我 很 好。
Wǒ jiějie duì wǒ hěn hǎo.

❹ "跟…有关系"

1 他 的 工作 都 跟 中国 有 关系。
Tā de gōngzuò dōu gēn Zhōngguó yǒu guānxi.

2 跟 中国 有 关系 的 工作 越 来 越 多。
Gēn Zhōngguó yǒu guānxi de gōngzuò yuè lái yuè duō.

3 这 件 事 跟 我 没 关系。
Zhè jiàn shì gēn wǒ méi guānxi.

練習 16

1 次の文の下線部を言い換えましょう。

为<u>大家的健康</u>干杯！

① 日中友好　② 我们的友谊　③ 我们相识

④ 我们的合作　⑤ 大家的快乐

2 次の問いに答えましょう。

① 你对什么感兴趣?

② 你为什么学习汉语?

③ 你想找跟中国有关系的工作吗?

④ 这一年，你的汉语进步快吗?

3 与えられた介詞を用いて，各文の空欄を埋めましょう。

跟	对	为了	在	用	离	从	给

① 这件事（　　　　）张华有一点儿关系。

② 他（　　　　）学习汉语很感兴趣。

③ 这儿（　　　　）我们学校不太远。

④ 我们老师是（　　　　）中国来的。

⑤ 日本人（　　　　）筷子吃饭。

⑥（　　　　）学好汉语，我想去中国留学。

⑦（　　　　）朋友的帮助下，我的学习有了很大进步。

⑧ 妈妈让我（　　　　）哥哥寄东西。

4 次の陳述文の下線部について，疑問詞を用いた疑問文で質問しましょう。

① 我为了<u>找工作</u>学习汉语。

② 他汉语学得<u>很好</u>。

③ 我<u>坐高铁</u>去上海。

④ 他昨天从<u>美国</u>回来的。

⑤ 老师让我们<u>多听、多说</u>。

●話してみよう●

♪ 92

▶美桜の留学生活紹介（10）

美樱在欢送会上	Měiyīng zài huānsònghuì shang
感谢老师和同学们，	gǎnxiè lǎoshī hé tóngxuémen,
特别感谢玛丽和张华。	tèbié gǎnxiè Mǎlì hé Zhāng Huá.
她说，大学毕业时	Tā shuō, dàxué bìyè shí
找一个	zhǎo yí ge
跟中国有关系的	gēn Zhōngguó yǒu guānxi de
工作，	gōngzuò,
为日中友好交流	wèi Rì-Zhōng yǒuhǎo jiāoliú
作出贡献。	zuòchū gòngxiàn.

▶会話にチャレンジ

美樱 在 欢送会 上 感谢 谁 了?
Měiyīng zài huānsònghuì shang gǎnxiè shéi le?

她感谢老师和同学们，特别是感谢张华和玛丽了。

美樱 想 找 一 个 什么样 的 工作?
Měiyīng xiǎng zhǎo yí ge shénmeyàng de gōngzuò?

她想找一个跟中国有关系的工作。

春　望 chūn　wàng	春　望
杜　甫 Dù　Fǔ	杜　甫 (712—770)
国　破　山　河　在， guó　pò　shān　hé　zài	国破れて　山河在り，
城　春　草　木　深。 chéng　chūn　cǎo　mù　shēn	城春にして　草木深し。
感　时　花　溅　泪， gǎn　shí　huā　jiàn　lèi	時に感じては　花にも涙を濺(そそ)ぎ，
恨　别　鸟　惊　心。 hèn　bié　niǎo　jīng　xīn	別れを恨みては　鳥にも心を驚かす。
烽　火　连　三　月， fēng　huǒ　lián　sān　yuè	烽火(ほうか)　三月(さんげつ)に連なり，
家　书　抵　万　金。 jiā　shū　dǐ　wàn　jīn	家書　万金に抵(あ)たる。
白　头　搔　更　短， bái　tóu　sāo　gèng　duǎn	白頭　掻(か)けば更に短く，
浑　欲　不　胜　簪。 hún　yù　bù　shēng　zān	渾(す)べて簪(しん)に勝(た)へざらんと欲す。

五言律詩。“深”“心”“金”“簪”が韻を踏んでいる。“春望”は「春の眺め」。

安禄山の乱が起こって２年目，至徳２年（757）春の作。都長安は陥落し，杜甫自身も捕らわれの身となり，長安に軟禁されていた。

語彙索引

各課「新出単語」の見出しの語句を第 1 文字ごとにまとめて
アルファベット順に配列する。数字は課を示す。

副 fù 7
富士山 Fùshìshān 12

G
干杯 gānbēi 16
感想 gǎnxiǎng 15
感兴趣 gǎn xìngqù 16
刚才 gāngcái 9
高 gāo 15
高铁 gāotiě 11
高兴 gāoxìng 10
告诉 gàosu 15
哥哥 gēge 3
给 gěi 6
跟 gēn 11
公分 gōngfēn 15
公交车 gōngjiāochē 8
公司 gōngsī 12
公园 gōngyuán 13
工作 gōngzuò 4
贡献 gòngxiàn 16
挂 guà 7
怪不得 guàibude 12
关系 guānxi 16
关照 guānzhào 1
贵 guì 10
过 guò 9
过几天 guò jǐ tiān 10
过 guo 8

H
还 hái 8, 12
还可以 háikěyǐ 2
还是 háishi 12, 14
孩子 háizi 13
汉语 Hànyǔ 3
好 hǎo 1
好吃 hǎochī 8
好汉 hǎohàn 13
好看 hǎokàn 10
号码 hàomǎ 3
喝 hē 6
和 hé 3
和服 héfú 12
合作 hézuò 16
很 hěn 2
红 hóng 7
后门 hòumén 5
后面 hòumiàn 4
画 huà 7
画儿 huàr 7
画展 huàzhǎn 7
欢送会 huānsònghuì 16
换 huàn 8
回 huí 4
会 huì 6

J
机票 jīpiào 15
几 jǐ 3
寄 jì 4
继续 jìxù 16
记住 jìzhù 14
家 jiā 3
加深 jiāshēn 16
件 jiàn 7
见到 Jiàndào 11
健康 jiànkāng 16
讲话 jiǎnghuà 16
讲演 jiǎngyǎn 10
教 jiāo 6
交流 jiāoliú 16
叫 jiào 1
教室 jiàoshì 13
节 jié 9
结婚 jiéhūn 10
结束 jiéshù 15
姐姐 jiějie 3
借 jiè 7
今天 jīntiān 8
紧张 jǐnzhāng 16
近 jìn 2
进 jìn 7
进步 jìnbù 16
京剧 jīngjù 9
酒 jiǔ 6
就 jiù 4, 9, 10
就是 jiù shì 10
觉得 juéde 10

K
卡拉 OK kǎlā OK 9
看 kàn 3
渴 kě 14
可是 kěshì 6
可以 kěyǐ 6
课 kè 5
客气 kèqi 1
快 kuài 7
快乐 kuàilè 9
筷子 kuàizi 12

L
来 lái 4
来不及 láibují 14
老师 lǎoshī 1
了 le 9, 10
冷 lěng 10
离 lí 5
里 lǐ/li 4
礼物 lǐwù 4
理想 lǐxiǎng 12
俩 liǎ 7
联系 liánxì 15
了解 liǎojiě 16
流利 liúlì 14
留学生 liúxuéshēng 2
论文 lùnwén 16
旅行 lǚxíng 11
旅游 lǚyóu 5

M
妈妈 māma 2

吗 ma *1*
嘛 ma *13*
麻烦 máfan *10*
买 mǎi *5*
慢 màn *14*
忙 máng *2*
猫 māo *3*
毛衣 máoyī *9*
没 méi *3*
每 měi *8*
美国人 Měiguórén *1*
妹妹 mèimei *3*
迷人 mírén *11*
米 mǐ *6*
面前 miànqián *16*
名牌包 míngpái bāo *15*
名胜古迹 míngshèng gǔjì *15*
名字 míngzi *1*

N

拿 ná *13*
哪国人 Nǎ guórén *1*
哪儿 nǎr *4*
那儿 nàr *4*
那么 nàme *13*
那些 nàxiē *7*
难 nán *14*
南京路 Nánjīnglù *11*
男朋友 nánpéngyou *4*
呢 ne *7*
能 néng *6*
年轻 niánqīng *3*
努力 nǔlì *16*
女朋友 nǚpéngyou *4*

P

怕 pà *10*
旁边 pángbiān *4*
螃蟹 pángxiè *12*
跑 pǎo *13*
朋友 péngyou *4*
便宜 piányi *15*
票 piào *5*
漂亮 piàoliang *11*
乒乓球 pīngpāngqiú *14*

Q

骑 qí *8*
起床 qǐchuáng *5*
钱 qián *8*
墙上 qiángshang *7*
请 qǐng *1, 7, 10*
去 qù *4*
全 quán *3*
全聚德烤鸭店 Quánjùdékǎoyādiàn *8*

R

让 ràng *15*
热情 rèqíng *16*
人 rén *3*
日本菜 Rìběn cài *10*
日本人 Rìběnrén *1*
日中 Rì-Zhōng *16*

S

商店 shāngdiàn *10*
上海 Shànghǎi *11*
上海话 Shànghǎihuà *12*
上海人 Shànghǎirén *12*
上课 shàngkè *7*
上面 shàngmiàn *4*
上网 shàngwǎng *9*
上午 shàngwǔ *5*
少 shǎo *2*
谁 shéi *3*
身体 shēntǐ *2*
什么 shénme *1*
什么时候 shénmeshíhou *5*
什么样 shénmeyàng *16*
生词 shēngcí *6*
生日 shēngrì *9*
声音 shēngyīn *12*
时间 shíjiān *8*
食品 shípǐn *13*
是 Shì *1*
事 shì *5*
是的 shì de *1*
世界杯 shìjièbēi *12*
手机 shǒujī *3*
书 shū *3*
暑假 shǔjià *9*
水果 shuǐguǒ *9*
说 shuō *6*

T

太 tài *2*
太…了 tài…le *5*
谈 tán *15*
特别 tèbié *16*
特别是 tèbiéshi *11*
体验 tǐyàn *15*
天气 tiānqì *10*
跳舞 tiàowǔ *6*
听 tīng *12*
听说 tīngshuō *12*
同屋 tóngwū *1*
同学 tóngxué *1*
图书馆 túshūguǎn *4*

W

外滩 wàitān *11*
完 wán *12*
完成 wánchéng *16*
玩儿 wánr *13*
晚会 wǎnhuì *13*
网球 wǎngqiú *5*
微信 Wēixìn *6*
为（了） wèi (le) *16*
文化 wénhuà *16*
问 wèn *6*
问题 wèntí *6*

午饭 wǔfàn *12*
舞会 wǔhuì *6*

X

习惯 xíguàn *10*
喜欢 xǐhuan *10*
下课 xiàkè *9*
下面 xiàmiàn *4*
下午 xiàwǔ *5*
先…，再 …xiān…, zài… *8*
现在 xiànzài *10*
相识 xiāngshí *16*
详细 xiángxì *15*
想 xiǎng *5*
向导 xiàngdǎo *16*
小 xiǎo *2*
写 xiě *15*
信 xìn *4*
星期 xīngqī *11*
星期天 xīngqītiān *5*
姓 xìng *1, 2*
休息 xiūxi *12*
学 xué *14*
学会 xuéhuì *14*
学生 xuéshēng *1*
学习 xuéxí *2*
学校 xuéxiào *2*

Y

烟 yān *6*
眼镜 yǎnjìng *7*
养 yǎng *8*
要 yào *13*
要…了 yào…le *13*
也 yě *5*
夜景 yèjǐng *11*
衣服 yīfu *7*
一定 yídìng *13*
一个星期 yí ge xīngqī *11*
以后 yǐhòu *10*
已经 yǐjīng *10*
以前 yǐqián *10*
以为 yǐwéi *14*
椅子 yǐzi *4*
一点儿 yìdiǎnr *6*
一起 yìqǐ *5*
银行 yínháng *4*
英国人 Yīngguórén *1*
用 yòng *6*
游 yóu *6*
邮局 yóujú *4*
游泳 yóuyǒng *6*
有 yǒu *3*
友好 yǒuhǎo *16*
友谊 yǒuyì *16*
于 yú *15*
愉快 yúkuài *6*
远 yuǎn *2*
越来越… yuè lái yuè… *10*

Z

在 zài *7*
再 zài *12, 15*
咱们 zánmen *5*
早点儿 zǎodiǎnr *10*
早饭 zǎofàn *11*
怎么 zěnme *7*
怎么样 zěnmeyàng *11*
站 zhàn *13*
着急 zháojí *14*
找 zhǎo *12*
照片 zhàopiàn *3*
照片儿 zhàopiānr *3*
着 zhe *7*
这些 zhèxiē *7*
真 zhēn *3*
只 zhǐ *9*
指导 zhǐdǎo *16*
致词 zhìcí *16*
中国菜 Zhōngguó cài *10*
中国人 Zhōngguórén *1*
周末 zhōumò *6*
祝 zhù *9*
住 zhù *11*
桌子 zhuōzi *4*
自行车 zìxíngchē *8*
走 zǒu *10*
足球赛 zúqiúsài *12*
最 zuì *13*
最近 zuìjìn *11*
左右 zuǒyòu *8*
做 zuò *5*
坐 zuò *8*
作出 zuòchū *16*
作业 zuòyè *8*

中国全图

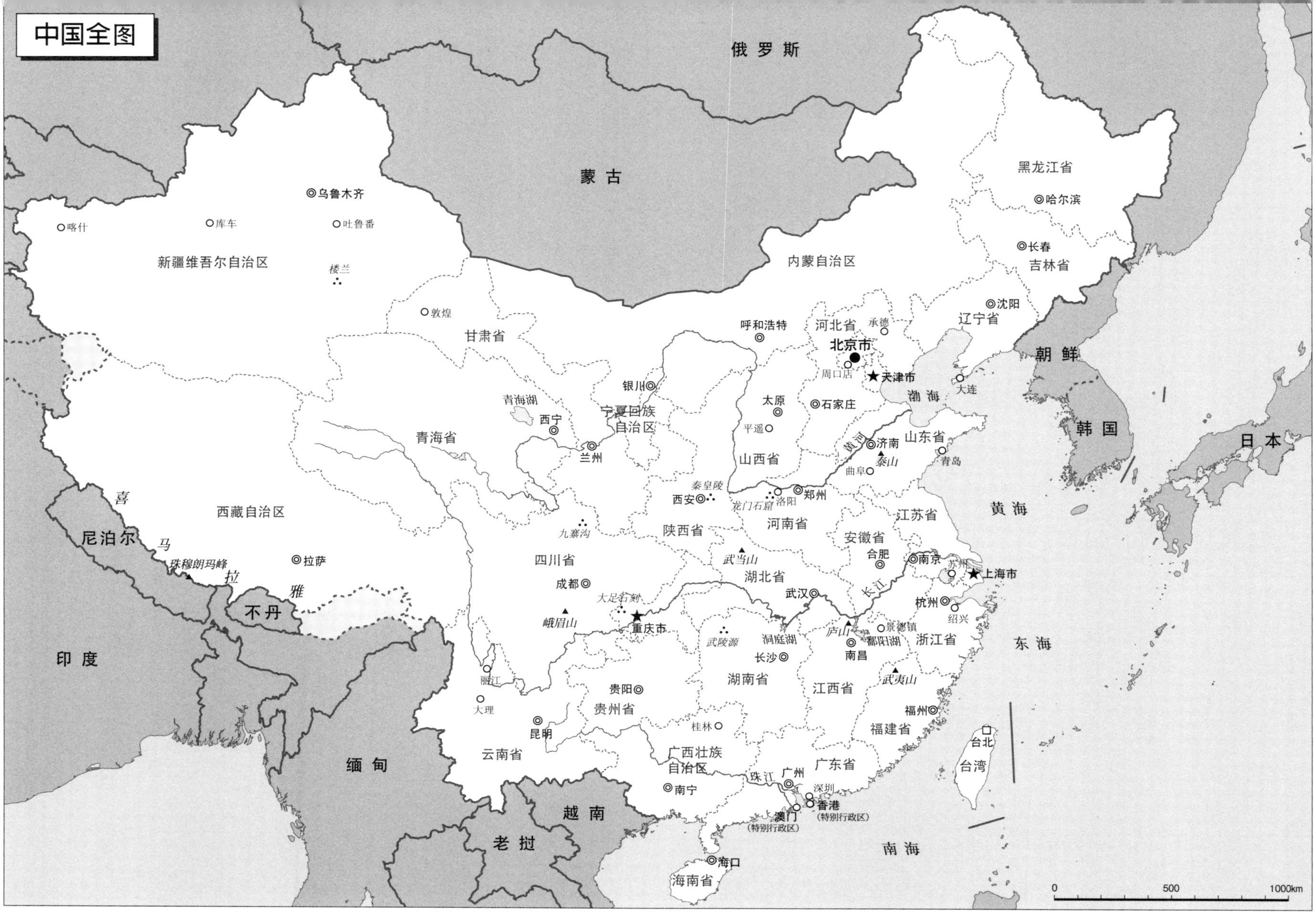
俄罗斯
蒙古
黑龙江省
哈尔滨
长春
吉林省
沈阳
辽宁省
内蒙古自治区
乌鲁木齐
喀什
库车
吐鲁番
新疆维吾尔自治区
楼兰
敦煌
甘肃省
呼和浩特
河北省
承德
北京市
周口店
天津市
大连
渤海
朝鲜
韩国
日本
银川
青海湖
西宁
宁夏回族自治区
兰州
太原
石家庄
平遥
山西省
青海省
黄河
济南
山东省
泰山
青岛
曲阜
秦皇陵
西安
洛阳
郑州
龙门石窟
喜
西藏自治区
马
尼泊尔
珠穆朗玛峰
拉
雅
拉萨
不丹
九寨沟
陕西省
河南省
江苏省
黄海
安徽省
合肥
武当山
四川省
湖北省
南京
苏州
上海市
成都
大足石刻
武汉
长江
杭州
绍兴
峨眉山
重庆市
武陵源
洞庭湖
庐山
景德镇
鄱阳湖
浙江省
东海
南昌
印度
长沙
丽江
贵阳
湖南省
江西省
武夷山
大理
贵州省
福州
昆明
桂林
福建省
台北
缅甸
云南省
广西壮族自治区
广东省
台湾
珠江
广州
深圳
南宁
香港
(特别行政区)
澳门
(特别行政区)
越南
老挝
南海
海口
海南省
0
500
1000km

あかるい中国語——美桜の北京留学

2022年4月1日　初版発行

著　　者　上　野　惠　司
　　　　　魯　　　暁　琨
発 行 者　大　井　敏　行
発 行 所　株式会社　郁文堂
113-0033　東京都文京区本郷 5-30-21
電話［営業］03-3814-5571　［編集］03-3814-5574

印刷　研究社印刷　　製本　シナノ印刷

ISBN978-4-261-01885-1